项目基金：2018 年南宁市人才小高地专项资金资助计划（项目
2018 年南宁学院科研项目计划（项目编号：2018XJ38）
项目名称：南宁市轨道交通应急接驳辅助决策系统研究

智能环境背景下城市交通管理系统发展的创新探究

陈　燕◎著

中国商业出版社

图书在版编目（CIP）数据

智能环境背景下城市交通管理系统发展的创新探究 / 陈燕著 . -- 北京 : 中国商业出版社 , 2020.10
ISBN 978-7-5208-1278-8

Ⅰ . ①智… Ⅱ . ①陈… Ⅲ . ①城市交通运输 - 交通管理系统 - 研究 Ⅳ . ① F570

中国版本图书馆 CIP 数据核字 (2020) 第 184201 号

责任编辑：陈　皓　常　松

中国商业出版社出版发行
010-63180647　www.c-cbook.com
（100053　北京广安门内报国寺 1 号）
新华书店经销
定州启航印刷有限公司印刷
*
710 毫米 ×1000 毫米　16 开　10.75 印张　210 千字
2020 年 10 月第 1 版　2020 年 10 月第 1 次印刷
定价：45.00 元
*　*　*　*
（如有印装质量问题可更换）

前言

随着城市化的持续推进，我国迎来了城市规模化发展的高峰。大城市、特大城市是中心点，不断地深入发展与扩张；中小城镇是突破点，集中资源迅猛发展。城市的飞速发展打破了原有的空间状态与规模。城市化最大的体现便是现代交通运输，便捷的交通是一个城市发展的灵魂，带动着整个城市的运作。伴随而来的城市交通拥堵正是这种经济效应的显著表现，缓解城市交通拥堵已经成为城市管理者、城市交通规划管理研究人员的共同目标；与此同时，城市的兴起与发展也推动了交通技术和方式的进步。

当前我国大多数城市的道路交通紧张状况日趋严重，已在某种程度上影响了城市经济的发展和居民生活水平的提高。最大限度地提高现有交通资源的利用效率是缓解交通供求矛盾的重要途径。公共交通对交通资源的高效利用，使得通过大力发展公共交通、实行公共交通优先成为缓解道路交通紧张状况的必然选择。

人们越来越认识到大力发展城市公共交通，推行“公交优先”及“快速公交”等策略，发展和应用先进的公共运输系统，是今后城市交通系统的主流方向。城市公共交通的运营管理对增加公共交通的吸引力、合理组织运力、提高企业的经济效益和社会效益等方面均具有战略意义。

城市公共交通的合理规划、设计、高效运营，有利于增加公共交通的吸引力，合理组织运力，提高企业的经济效益，增加社会效益，给市民的居住、工作、生活的出行都会提供极大的便利。

本书吸取了相关文献的精华，从大交通的角度合理组织内容，从城市公共交通的行业管理、常规公交运营管理和其他形式的城市公共交通三个方面进行阐述。在内容的设计上既有城市交通需求管理、安全管理和城市公共交通建设管理、运营管理，又有城市公共交通的规划和设计知识，有利于读者阅读参考。

由于作者水平有限，书中难免存在错误和疏漏之处，恳请读者给予批评指正。

陈燕

2020年4月

目 录

第一章 城市交通的内涵与管理规划 ······ 1

第一节 城市交通的内涵解读 ······ 1

第二节 城市交通的构成要素 ······ 2

第三节 城市交通的管理规划探索 ······ 4

第四节 互联网对城市居民公共交通出行的影响 ······ 10

第二章 城市交通管理设施 ······ 16

第一节 道路交通标志 ······ 16

第二节 道路交通标线 ······ 22

第三节 道路交通管理辅助设施 ······ 25

第四节 城市轨道交通设施 ······ 30

第三章 城市公共交通服务管理 ······ 32

第一节 城市公共交通从业人员的素质 ······ 32

第二节 通勤乘客心理及行为的剖析（以地铁为例） ······ 36

第三节 城市公共交通行业职业道德 ······ 40

第四章 城市公共交通运营管理 ······ 53

第一节 城市公共交通规划与建设 ······ 53

第二节 城市公共交通运行监管 ······ 65

第三节 城市公共交通运营评价 ······ 76

第四节 智能背景下的公共交通发展 ······ 80

第五章　城市轨道交通的运营管理 ………………………………… 87

第一节　轨道交通发展概述……………………………………87

第二节　轨道交通的技术经济指标……………………………95

第三节　城市轨道交通车站现场客流组织……………………97

第四节　城市轨道交通行车组织与运营管理…………………99

第五节　城市公共交通的服务质量评价…………………… 103

第六节　轨道交通发展情况及建议………………………… 110

第六章　城市交通安全管理 …………………………………… 117

第一节　城市交通安全概述………………………………… 117

第二节　城市道路交通安全………………………………… 118

第三节　城市轨道交通安全………………………………… 121

第四节　智能交通技术在高速公路安全管理中的应用…… 126

第五节　城市交通接驳管理………………………………… 130

第七章　城市交通智能化管理模式的构建 ……………………… 142

第一节　智能交通系统的内涵……………………………… 142

第二节　公共交通系统的智慧发展………………………… 145

第三节　“互联网 +”背景下的城市交通 ………………… 147

第四节　国外城市交通系统的智能化模式分析…………… 149

第五节　城市交通的智能化构想与发展战略选择………… 157

参考文献……………………………………………………… 161

后　记………………………………………………………… 163

第一章　城市交通的内涵与管理规划

第一节　城市交通的内涵解读

一、城市交通系统的关系

城市交通系统是城市社会系统的一个子系统，它既包含于城市社会系统之中，又与城市用地系统和市政设施系统等其他子系统有交集，它们之间相互依存、相互制约，人的广泛参与又使得城市交通系统具有高度的复杂性，如图 1-1 所示。

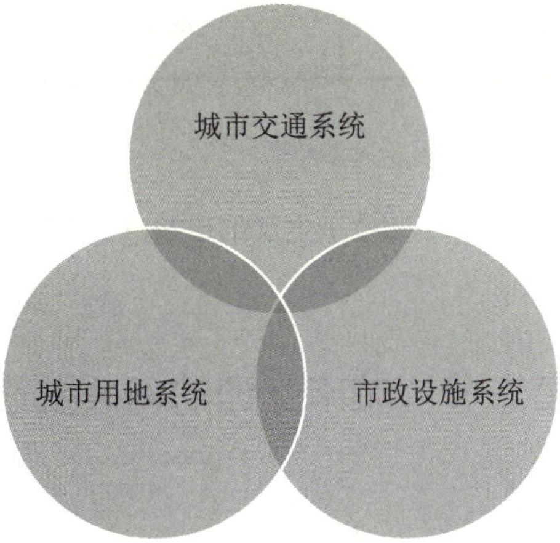

图 1-1　城市交通系统与城市社会其他子系统的关系

城市交通系统是一个具有综合性、立体化的多方式交通系统。就交通基础设施种类而言，分为城市轨道交通、城市道路交通、城市航道、城市管道和城市枢纽节点等，具有综合性，这些基础设施又被分别设置在地下、地面和地上高架，从而形成立体交通设施；就交通工具而言，有机动车、轨道交通、船舶、非机动车和行人，机动车又分为客车和货车，客车又分为私家车和运营客车，运营客车又分为公共汽（电）车、出租车和包车等，构成多种交通运输方式；就其范围而言，有城市内部交通和城市对外交通。以下对城市交通系统的主要内容分别进行阐述。

二、城市交通方式的特征

在城市内部，各种交通方式具有其自身的特征。下面从运输距离和运输密度（单位距离的客运量）的视角分析各交通方式的特征，如图 1–2 所示。

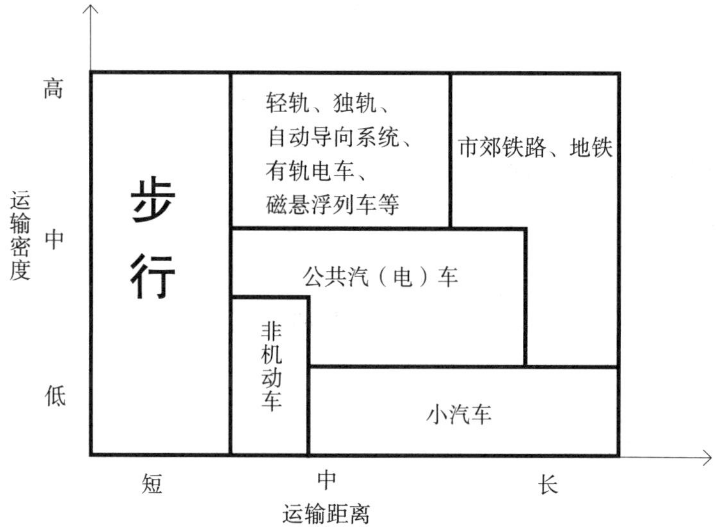

图 1–2　城市交通方式的运输特征示意图

第二节　城市交通的构成要素

一、城市轨道交通

城市轨道交通是以电力为动力、以轮轨运行方式为主要特征的车辆或列车与轨道等各种相关设施的总和。它主要用于大规模的居民交通出行。它具有运能高、速度快、安全、准时、成本低、节约能源，以及能缓解道路交通拥堵和有利于环境保护等优点。

城市轨道交通因其特点常被称为“绿色交通”。世界范围内，人口向城市聚集，城市化步伐加快，大中型城市普遍出现人口密集、住房紧缺、道路交通拥堵、环境污染严重、交通事故频发、能源缺乏等所谓的“城市病”。城市轨道交通经过150年的发展，机车车辆、自动控制、通信和信号等技术取得了很大的进步，很多方面代表和体现了当今高新科学技术发展的水平。发达国家城市交通发展的经验表明，轨道交通是解决大城市公共交通运输问题的重要途径，对于城市可持续发展具有非常重要的意义。

自19世纪中叶，城市里先后出现了地铁与有轨电车。经过多年的研究、开发、建设与运营积累，城市轨道交通系统已经形成多种类型并存与发展的态势。根据轨道交通基本技术特征的不同，城市轨道交通主要有市郊铁路、地铁、轻轨、独轨和有轨电车等类型。另外，就城市群而言，还有连接城市群内部城市之间的城际铁路。

城市轨道交通系统由多个独立完成不同功能的子系统构成，包括线路、车辆、车站三大基础设备和电气、运行和信号等控制系统。

二、城市道路交通

城市道路交通是城市交通系统的一个重要的子系统，由道路设施、管控设备、参与者和车辆构成，其功能是满足城市的各种交通出行活动和城市货物流动。

城市道路交通是保持城市活力最基础的设施，是城市生活的依托，拉动或制约着城市经济的发展。发展多层次、立体化、智能化的城市交通体系，是城市建设发展中普遍追求的目标。对城市道路客运而言，发展高、中、低客运量相互匹配的多种形式相结合的道路交通工具，是实现上述目标的重要技术支持。

城市道路交通从交通方式的角度划分，可以分为公共汽（电）车、行人、自行车、摩托车、小客车、出租车、作为公共交通补充的各类班车及各类货运汽车等。

三、城市航运交通

大量城市航运即城市内河航运，是利用水上运输工具，如客船、货船和驳船等进行水上客货运的交通运输系统。

客船是指载运旅客及行李、邮件的运输船舶，一般搭载旅客在12人以上。客船分为海洋客船、旅游船、汽车客船、滚装客货船、小型高速客船和内河客船6种。用于城市内河水运的客船一般以小型高速客船（水上巴士）和内河客船为主。

货船是指所有运输货物的船舶。一般来说，货船是不允许搭载乘客的，即使搭载，也不能多于 12 人。货船包括散货船、集装箱船、液货船、滚装船、载驳船、冷藏船和驳船等。在城市货运中，以驳船居多。

驳船常指靠拖船或推船带动且为单甲板的平底船，上层建筑简单，一般无装卸货设备。也有的驳船自己有动力装置，称为自航驳。在沿海地区、内河和港内，驳船比较常见，因为这些区域基本上都是使用驳船来运送货物的，他们一般是对那些进不了港或者进港困难的大型货船上的货物进行转运，或者以船队的形式承接运输业务。驳船由于其体积较小，且结构简单，所以制造成本和管理维护费用较低，还可以在浅水且狭窄的水域内自由航行，也可自由地进行组队。

在我国的大部分城市，由于水系资源的缺乏，与其他交通方式相比，城市水上运输所占份额很少，多服务于城市观光旅游。

四、城市智能交通系统

城市智能交通系统是指在整个交通运输管理系统中融入先进的技术，这些先进的技术有数据通信传输技术、信息技术、计算机处理技术，还有电子控制技术等，并把它们综合起来。同时对交通信息进行及时的搜集、传送和处理；利用先进的科技方法和设备来及时地对交通情况进行调解和处置，从而构建一种先进的综合运输管理体系，具有准确、高效、实时的特点。这样的话，交通设施可以尽可能地发挥其作用，还能在安全性和效率方面得到很大的提高，最后也能实现交通运输在管理和服务两个方面的智能化，及其集约式的发展目标。

第三节　城市交通的管理规划探索

城市交通是否顺畅决定了这座城市的社会经济活动的发展状况。在经济快速发展的过程中，城市交通呈现出的拥堵现象越来越严重。政府管理部门制定了相关的专项规划，来治理城市交通出行的各种问题。合理的城市交通管理规划，最大限度地帮助城市交通解决大部分的道路拥堵情况，现有的路网服务也随之越来越便利。

一、城市交通管理规划阐述

欧美发达国家在 20 世纪 70 年代基本完成大规模的城市交通基础设施建

设后，从 20 世纪 70 年代末开始将城市交通的重点定位于交通管理。20 世纪 80 年代初中期着重于利用计算机、通信及控制技术对城市交通实行系统管理；20 世纪 80 年代后期至 20 世纪 90 年代初期，又强调了城市交通的需求管理；20 世纪 90 年代中后期，又相继把当代最先进的高科技引入城市交通管理，耗费巨资实施以实现智能化交通环境为目标的各类大型研究计划，其主要目标就是做好城市交通管理规划工作。

目前，我国城市道路交通管理相关工作，正在用现代的交通管理方法逐渐地代替传统的管理模式。通过对未来交通管理工作总体进行有效的把握，更好地增强交通管理的前瞻性。站在一定层次的战略高度上制定科学的交通管理对策，利用完整的道路交通管理规划，保证了交通管理机制长期有效地执行下去。公安部和建设部于 2002 年 2 月通过了国务院的批准，为了能改善城市现有的交通环境，在全国开始实施一项“畅通工程”。在城市多个部门的共同合作下，加大软件和硬件的投入，以此来推动城市交通不断地向前发展，争取在一定时间内解决各大城市出现的交通“痼疾”，尽快地使我国的城市道路交通管理工作得到有效的整治。城市交通管理规划中，对“畅通工程”的执行情况成了评判这个城市交通管理水平的主要考核标准，致使在全国范围内的城市交通管理规划编制得到快速地开展。城市交通管理水平按照不同的等级划分，将城市的交通现状评判为模范管理模式和优秀管理模式，以及良好管理模式和合格管理模式。具体评价项目有交通有序畅通、管理科学高效、执法严格文明、服务热情规范、宣传广泛深入、设施齐全有效。《道路交通安全法》[①] 第四条规定，“各级人民政府应当保障道路交通安全管理工作与经济建设和社会发展相适应。县级以上地方各级人民政府应当适应道路交通发展的需要，依据道路交通安全法律、法规和国家有关政策，制定道路交通安全管理规划，并组织实施”。将交通管理规划的核心内容之一“交通安全管理规划”编制工作法制化，从而使城市交通管理规划走上制度化正轨。

根据交通管理的目的和内容，以及目前国内编制城市交通管理规划的经验，城市交通管理规划工作可以概括为以保障城市交通安全、提高交通系统运行效率、有效管理交通需求为目的，根据社会经济与交通发展对交通管理的要求，依据城市总体规划、城市用地规划、城市交通规划及城市交通运行现状调查，应用交通工程、系统工程的理论和方法，制定城市交通管理的目标与策略，对城市交通管理体制、城市交通系统管理组织、城市交通管理设施、城市交通安全管理及城市交通管理科技应用与发展进行系统规划。

① 《中华人民共和国道路交通安全法》是 2003 年 10 月 28 日公布的关于道路交通安全的法律，于 2007 年与 2011 年两次修订。简称《道路交通安全法》。

二、城市交通管理规划的内容

为了达到城市交通管理规划的编制目的，城市交通管理规划由城市交通管理现状问题与需求分析、城市交通管理发展目标与策略、城市交通管理长效发展机制、近期交通系统管理改善方案、智能交通与高新技术发展应用规划及交通管理规划实施行动计划等内容组成。

（一）城市交通管理现状问题与需求分析

通过对社会经济和相关交通进行调查，获得大量的城市交通基础资料和信息，对城市交通管理现状、存在的问题及城市社会经济发展对城市交通管理的需求进行分析。

（1）通过交通流量流向，路段车速，交叉口的通行能力、延误和服务水平，停车场（库）布设及停车状况，公交线路的行程时间、满载率、平均速度、直达率、换乘率、换乘时间等各类调查，分析评价城市道路交通运行的现状与问题。

（2）从道路网络、等级、密度，公共交通场站位置、容量、发车频率、线路长度、线路停靠站、车站形式、停车场、枢纽位置面积、规模等方面，分析评价城市交通管理的道路交通基础设施条件，区分引发交通问题的主导原因，也为在交通综合治理中提出相关工程技术措施提供依据。

（3）从道路的标志、标线、交叉口信号灯、人行过街设施设置，交叉口的交通渠化组织，路网单行道、分时段或分车种车辆、禁行等交通组织形式，分析城市交通系统组织方面存在的问题。

（4）从交通管理队伍建设、城市交通监控与管理中心的完善程度、城市智能交通发展以及其他交通管理科技应用等方面，分析城市交通管理软硬件现状及存在的问题。

（5）在城市交通管理现状及问题分析的基础上，结合相关城市经济和交通发展，预测分析近期及未来城市交通发展的态势，提出城市交通管理在交通管理机制、交通管理队伍、交通管理设施水平、交通管理科技等方面的需求。

（二）城市交通管理发展目标与策略

城市交通管理的核心目标应当是确保城市道路交通的有序、安全、通畅。在充分发挥交通管理效能的前提下，近期以综合治理交通秩序、合理组织与渠化交通、缓解城市交通拥挤堵塞为重点；远期则以实现与城市社会经济发展水平相一致，建立一个安全、畅通、秩序良好、环境污染少的城市交通系统为目标。城市交通管理应当贯彻交通系统管理与交通需求管理相结合的策略，加强交通需求管理，合理控制城市交通总量，积极促进城市形成以社会化公共运输体系为主，多种交通运输方式相协调的城市交通结构。科学组织，合理限制，均衡调控，充分挖掘道路交叉口、路段、网络的交通容量潜力，提高道路的通行能力和服务水平。

（三）城市交通管理长效发展机制

通过理顺交通管理机制，健全交通管理法制，提高交通管理队伍的执法能力与装备水平，深入开展道路交通法制和安全宣传教育，建立交通安全事故防范机制，充分发挥现代交通科学技术与设备在交通管理中的作用，来建立城市交通管理的长效发展机制。

（1）建立城市交通综合协调机构，加强城市公安交通管理部门同城市规划与建设部门的密切配合，形成高效有力的城市交通管理机制。

（2）不断完善城市交通管理法规，使城市交通管理有法可依。

（3）配备足够的交通执法警力，提高交通管理人员的素质。定期培训、考核，提高交通管理人员的交通管理基础知识、管理技术与管理素质，使交通管理人员能够做到有理、有礼、有节地管理交通。

（4）配备先进的交通执法装备。配备机动车辆、安装有卫星定位系统（GPS）的巡逻车、酒精检测仪、雷达测速枪、数码相机、掌上电脑、汽车行驶记录仪、交通事故预警器、疲劳检测仪等交通管理执法装备。

（5）形成社会化的交通安全宣传教育网络，寓宣传教育于执法管理之中，提高全民的交通安全整体素质。

（6）加大高新技术在道路交通管理中的研究应用，不断提高科学管理水平。

（7）交通安全是居民出行和货物运输的首要条件，所以交通管理规划中应对交通安全管理进行重点详细的规划，提出确保城市道路交通安全的有效措施。

（8）建立完备的城市静态与动态交通管理基础数据库。静态基础数据包括各类道路及交通设施的统计数据，动态基础数据包括交叉口流量流向、路线行程车速变化及交通事故统计分析数据等。

（四）近期交通系统管理改善方案

通过交通系统管理改善均衡道路负荷，有效利用道路设施，保障道路交通安全、有序，提高交通系统的运行效率，优化信号控制，实施交通诱导，减少交通延误，是交通管理规划的重要组成部分。交通系统改善规划措施主要包括以下几个方面：

（1）城市道路交通系统组织。对城市过境交通，城市内部货运交通，城市快速路系统，城市主次干道系统，城市公共交通线路（公交专用道、公交专用路），城市慢行交通系统（非机动车道、人行设施非机动车专用道、步行街），城市单向交通系统等各类交通时空分离措施进行系统梳理和合理组织。

（2）道路交叉口交通优化设计。对城市道路交叉口，特别是重要节点交叉口，优化交通信号控制的设计方案，并且科学地划分交通空间。在交通组织方案中，交通信号的配时要根据交通流向和交通流量的改变而做出及时的调整。

（3）道路交通标志、标线系统管理与设计。通过连续规范地分析道路交通管理标志和标线对城市交通管理工作的影响，设计出完整统一的城市道路交通标志、标线。

（4）城市停车场规划与管理。对城市停车设施及停车状况进行普查，分析城市车辆停放特征，研究城市停车政策，对城市停车位设置和管理收费进行统一规划，加强对乱停车的管理。

（五）智能交通与高新技术发展应用规划

（1）城市交通监控系统建设与发展规划。统一规划全市的交通监控系统，规划交叉口关联控制（点控、线控、区域控制）的策略与范围，确定交叉口信号灯的设置标准，特别是机动车转向专用灯、非机动车信号灯以及行人信号灯的设置依据与标准。

（2）城市交通管理信息系统建设与发展规划。城市交通管理工作的执法水平和快速应变能力在高科技手段的帮助下得到很大的提高，城市的交通管理信息平台，也应该随之进行统一的规划建设。

（3）城市智能交通系统建设与发展规划。通过智能交通系统建设，使城市交通管理向信息化、智能化迈进，充分发挥城市交通管理的作用与效益。

（六）交通管理规划实施行动计划

想要建立一系列工作机制，实施一批交通管理措施，都必须通过具体的行动计划落实。因此，交通管理规划还必须分门别类地详细列出近期需要制订、实施的行政、技术和工程措施，对它们进行资金预算和排序，并落实各项措施实施的期限与相关责任部门。

三、城市交通管理规划编制

（一）规划编制组织机构

编制城市交通管理规划的主管部门为城市公安交通管理部门。由于城市交通管理规划的性质和所设计的工作内容有了很大的变化，同时，又由于城市交通管理的复杂性，涉及的因素多、范围广，在规划编制过程中应组织城市交通管理其他相关部门协同编制。

（二）规划编制原则

城市交通管理规划的编制一般遵循以下原则：

（1）保持与城市总体规划、城市交通规划一致的原则。城市交通管理应以支持城市社会经济发展，促进城市交通健康有序发展，改善城市交通出行环境，提高城市居民生活质量为目标。

（2）体现可持续发展、以人为本、公共交通优先的原则。在城市交通管理设施的建设过程中，以及制订城市交通管理措施政策时，是否有益于城市交通的可持续发展，能否满足以人为本和公共交通优先的基本要求，是值得考虑的重要问题。城市交通管理应全面落实“以人为本”的管理理念，交通管理设施应实行人性化设计，提供宜人的交通环境，管理政策也应更多地从方便广大城市居民日常出行的角度考虑。

（3）遵循远期讲战略、中期粗、近期细与标本兼治的原则。城市交通管理是最贴近城市居民日常生活的事务，几乎时时刻刻地与城市居民的生命安全息息相关，治理城市交通管理现状中出行的问题是城市交通管理规划的重要工作。从大处着眼，细部着手，重视城市道路交通系统运行的每一个细节，同时，又着眼长远，让城市交通管理工作符合社会经济发展水平的要求，确保城市交通管理能朝着合理有效的方向进行发展。

（4）可实施性和滚动性原则。城市交通管理规划既不能违反国家的有关交通管理政策和法规以及标准和规范，又必须满足智能化和科学化的交通管理所提出的需求，制订的方案应具有适用性、可实施性，并能不断充实、完善和调整，实现滚动发展。

（三）规划编制技术流程

城市交通管理规划编制一般技术流程如图 1–3 所示。

（四）保证城市交通管理规划编制的严肃性

为保证城市交通管理规划编制的严肃性和执行力度，在交通管理规划编制过程中，其编制大纲与编制成果应组织相关专家进行严格的论证，成果应报城市人民政府和人民代表大会常务委员会审查批准，然后由城市交通管理相关部门组织实施。

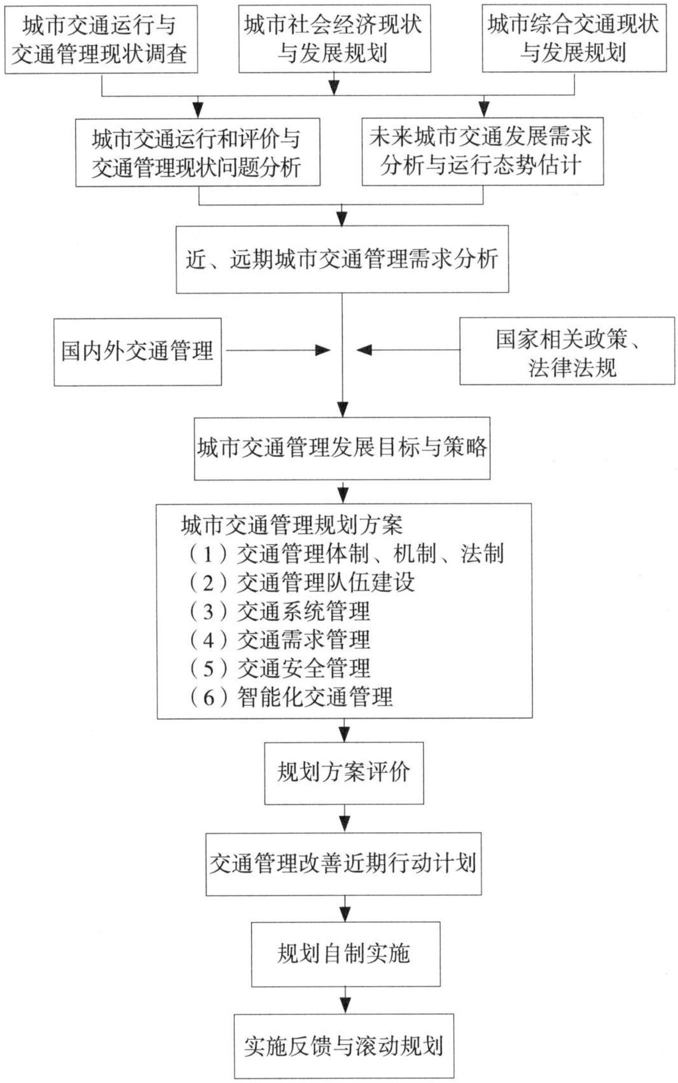

图 1–3　城市交通管理规划编制一般技术流程

第四节　互联网对城市居民公共交通出行的影响

互联网技术在交通运输领域中的应用，逐渐改变着人们的出行方式。通过问卷调查、走访等形式对各种类型的居民进行抽样调查，以获得的各类信息与资料来进行分析，在不同群体选择的出行方式中探讨互联网对城市居民出行的影响，进一步了解各类群体的出行目的、出行时间及对出行工具的选择，并重点研究互联网对居民公共交通出行模式和出行满意度的影响，更加清楚地了解城市居民的出行需求及出行满意度。

一、互联网对城市居民出行与公共交通的影响

（一）互联网发展背景下城市居民出行需求的变化

（1）互联网对城市居民出行的限制作用。交通出行需求属于派生性需求，互联网的出现使人们足不出户就可以完成工作或生活的部分需求，从而减少了出行需求。例如在工作方面，视频会议、网络社交打破了传统的面对面交流模式，减少了人们对指定地点的出行需求；在生活购物方面，网购减少了人们对购物出行的需求；在学校教学方面，网络教学资源以及各种手机在线学习软件的出现，使学生可以随时因需进行学习，这就打破了传统的课堂坐堂学习的模式，求学出行需求因而减少。总而言之，人们通过网络的构建与交流，减少了对真实地理空间的出行需求。

（2）互联网对城市居民出行的促进作用。互联网的出现增加了相关的出行需求。互联网技术的出现给居民的出行提供了很多辅助作用，使居民的出行变得更加便利。例如全球定位系统、数字地图以及实时交通信息，影响了居民的出行次数和对出行工具的选择。这些数据对于外来临时居住人员的影响是非常明显的，他们可以借助互联网实现独立出行以及了解当地环境，这就增加了这些人员的出行需求。对于旅游爱好者，社交网站上所发布的各地的美景照片、视频等，也激发了人们的旅行需求。

互联网改善了社交、办公以及购物的出行体验。人们可以通过具有出行辅助功能的 App 进行导航、查询公交路线以及查看实时道路信息，从而规划出行所需的最佳路线，大大提高了居民出行的效率，为居民带来了更好的出行体验。对于历史城区来说，由于城区空间结构的原因，人们在这些城区活动时往往比较容易迷路，在互联网普及之后，人们通过定位技术和导航，可以更加清楚地了解城区的空间结构，从而使在城区中出行变得更加便捷。在远距离出行中，实时了解出行信息可以给人们带来一定的安全感，通过互联网与外界进行实时的沟通交流，在一定程度上也减少了人们独自出行时的孤独感。

（二）互联网发展对公共交通的影响

互联网促进城市居民使用公共交通出行。在交通出行广义费用中，出行费

用包括出行成本、时间成本、便利性和安全成本等。互联网的发展带来了公共交通智能化，能准确地实现公交车辆的定位导航跟踪、监控、信息共享，增强了乘客信息服务功能，大大提高了出行的便利性；能为乘客提供线路、公交换乘、运营计划、票价等信息的查询，便于乘客做好出行时间规划，节约了出行的时间成本。因此，公共交通智能化从出行时间、便利性、经济性等方面给予居民更多保障，可以更进一步促进居民在中远距离的出行中选择公共交通。

互联网同时也提高了公共交通的服务质量。如利用 GPS 全球定位系统有效地遏制了车辆脱线行驶和甩站现象；在地铁进站闸机与公交车上安装市民卡或手机扫码设备终端，丰富了乘客的支付方式；地铁里可以使用网络让乘客在出行过程中能通过移动互联网设备进行多种活动，提高了乘客的出行忍耐时长；另外，联网的公交电子站牌与自动报站器等设备的使用，既方便了乘客，也降低了驾驶员的疲劳程度，同时还避免了乘客误车或过站，无形中促进了服务质量的提高。

二、互联网时代居民出行模式——以南宁市邕宁区为例

2017 年年末，邕宁区城区户籍人口 36.18 万人，由于城市规划，周边村落的居民纷纷涌入，使得城区居民居住人数增加。随着城区的发展，许多高档住宅小区、安置小区、工厂及学校等在邕宁区驻足，加上邕宁区的旅游景点，这些都吸引了大量的人口。

邕宁区是南宁市的老城区，具有老南宁的文化底蕴，有着许多文物古迹和各类独属于它的非物质文化，许多老街道暂时不便整改，所以现有道路规模不够，出行容易拥堵，影响了居民选择出行方式。邕宁区目前还没有开通城市轨道交通（地铁），南宁市目前在建的地铁线路经过邕宁区的是地铁 4 号线，因此，在地铁 4 号线开通运行之前，邕宁区居民常用的出行工具有公交车、出租车、电动自行车 、自行车、摩托车、小汽车等。

通过对邕宁区的部分居民发放网上问卷调查，获得有效问卷 210 份，以所得数据信息进一步分析城市居民在互联网影响下的出行结构。

（一）邕宁区的职住状况

邕宁区近年来进行城市的整体规划，对一些村落进行了拆迁工作，将这些村落的居民进行了重新安置，这就让原本较为分散的居住地点集中起来。随着城区的发展，居住区逐渐向新的商业中心靠拢，郊区主要以工业居多，但也有少部分就职于工业区的居民在工业区附近居住，实现了职住合一。为了进一步了解邕宁区的职住状况，我们对人口流量较大的蒲庙镇与龙岗片区进行了实

地走访调查，调查发现：就居住而言，邕宁区内居民大部分还是居住于旧城区。但是由于旧城区建设改造存在一定的困难，城区内无法容纳大量的人口，因此，邕宁区西部依附新的商业中心建设了新的居住功能区。新的商业中心可以给居民提供一定的工作岗位，加上新的居住区距离南宁市中心等繁荣区域较近、交通比较便利，使得邕宁区内的居民逐渐移居到新的居住区。

在就业区域方面，邕宁区内居民的就业主要还是分布在旧城区，在城区中心就业密度由中心向外递减。随着交通的发展和工业区的出现，人们逐渐选择往工业区或南宁市内其他地区就业，这使得城区内的居民增加了更多的出行需求。

（二）邕宁区居民的出行结构变化

依据南宁市人民政府发布的《南宁市公交专用道规划研究》（2011 年）数据，中心城区的居民以电动车、小汽车、步行和公共汽车为主要出行方式。

随着共享单车、网约车等互联网技术在公共交通领域中的应用发展，南宁市居民的出行方式变得更加多样化，相比于 2011 年，现如今居民出行方式的可选择性更加丰富。在对邕宁区居民的随机问卷调查中发现，居住地与工作地距离在 5 千米以内的被调查者占比是 31.9%，这些被调查者大多是工作与居住都在邕宁区，因此这些被调查者的出行方式以步行、电动车或共享单车为主；距离在 5~10 千米的占比 40.48%，这些被调查者的职住距离不是太远，他们主要通过电动车、公交车或者私家车出行；工作地点在南宁市其他区域的邕宁区被调查者或者是前往邕宁区工作的其他区域的被调查者，他们的出行半径一般在 10 千米及以上，他们一般选择私家车或者公共交通出行，偶尔使用网约车出行。由此可推测，邕宁区的居民在近距离的出行中主要是通过步行或电动车，共享单车也颇受喜爱；在中远距离的出行中居民主要选择公共交通和私家车。此外，对于需要打车出行的居民来说，他们更加倾向于网约车。根据实地调查得到表 1-1。

表 1-1　邕宁区居民市内主要出行方式结构

步行	电动车	公交车	地铁	私家车	共享单车	网约车
19.05%	28.1%	12.38%	12.38%	19.05%	5.71%	3.33%

三、城市居民公交出行满意度影响因素分析

在进一步的访查以及数据中发现，人们对于出行的满意度取决于日常出行所需要花费的时间，出行时间的长短取决于居民的收入水平的占比较高。因为高收入的居民可以选择更加快捷的出行方式，而且高收入的居民也可以选择在上班地点附近居住，这就减少了职住之间的距离，使得上班出行时间得到缩减，从而提高了居民的出行体验。这一类职住比较固定的居民，对于日常出行早就有了提前的计划方案并已经适应，因此出行满意度会更高。低收入的居民则是因为职住距离过远、低成本的出行方式导致出行时间花费过多或者出行过程中体验感太差，从而使得出行满意度降低。由此可见，居民的出行满意度可能跟出行质量、出行舒适度更加密切相关，人们也希望能够在出行中得到更加舒适的环境。在还没有地铁通过的地区，公共交通主要由公交车承担，因此早晚高峰公交上一般都是处于较为拥挤的状态。而且，除了车厢内拥挤、嘈杂以外，公交站离居住区过远、公交车速度慢容易拥堵等问题也影响了居民出行的满意度。以上种种原因，影响了城市居民公共交通出行的满意程度，对此我们应当进行相应的分析，其中主要就城市居民出行影响因素以及出行时长进行相应分析，其分析结果见图 1–4。

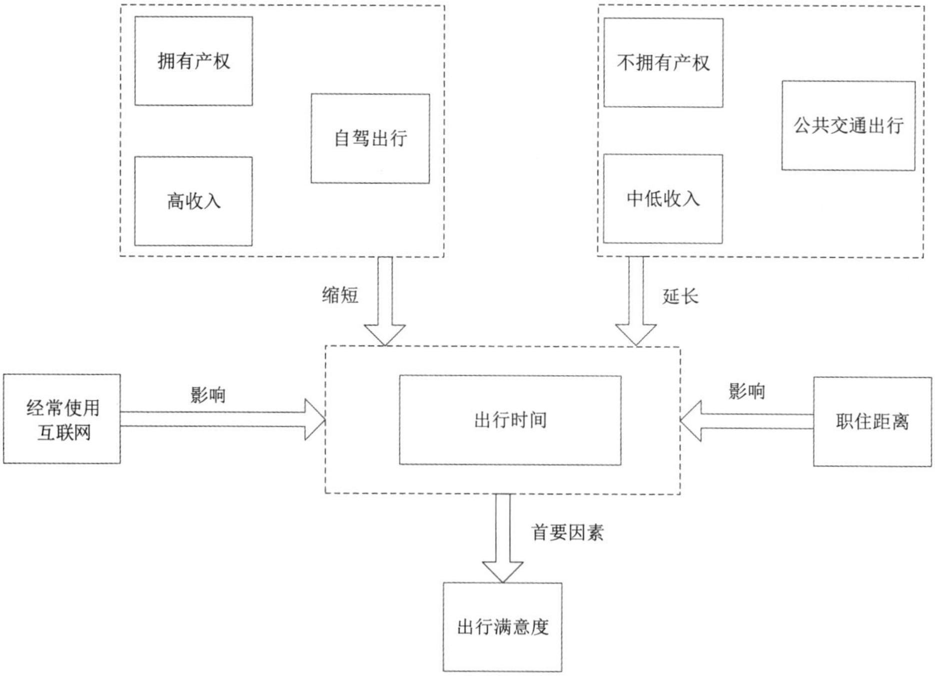

图 1–4　城市居民出行满意度影响因素

根据问卷所收集的数据，居民出行可接受时长如图 1–5 所示。80% 以上的居民可接受一次 3 小时以内的出行时长，其中将近半数可接受 1 小时以内的出行时长。

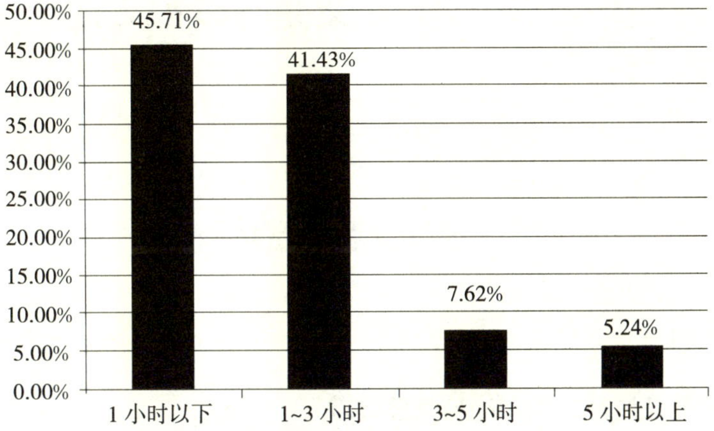

图 1–5　居民市内可接受出行时长

研究发现，影响居民出行满意度的最主要因素是出行时间，而经济状况和职住状况又是影响出行时间的主要因素，因此，居民的出行满意度在很大程度上受到家庭经济收入水平的影响。基于移动互联网的各种手机软件相对延长了居民在公共交通上的可接受时间。互联网所带来的公共交通智能化，令城市居民在中远距离出行中越来越多地选择公共交通出行。而经常使用互联网的居民可以接受的公共交通出行距离和出行时间更长，在出行当中能够利用途中的时间进行多任务的活动，从而使得出行变得更加灵活。

第二章　城市交通管理设施

第一节　道路交通标志

一、道路交通标志的功能与管理要求

（一）功能

道路交通标志是用图形、符号、颜色和形状向道路使用者传递特定信息，用于管理交通的设施。道路交通标志应结合道路及交通情况设置。通过交通标志提供准确及时的信息和引导，使道路使用者顺利快捷地抵达目的地，促进交通畅通和行车安全。

（二）总体原则

（1）交通标志的设计应以道路交通管理的相关法律、法规和交通组织管理方案为依据，简明、准确地向道路使用者提供交通路权、行驶规则以及路径指示灯信息，保障交通畅达和行车安全。

（2）交通标志与交通标线等其他管理设施传递的信息应一致，互为补充。

（3）交通标志不应传递与道路交通无关的信息。

（4）隧道内的应急、消防、避险等指示标志，应采用主动发光标志或照明式标志。

（5）交通标志不得侵入道路建筑限界内。

（三）标志的摆放要求

（1）标志的摆放应综合考虑城市的规模和特点、路网设施布局、道路等级、几何条件、交通状况、道路使用者需求、环境及气候等因素。

（2）标志的摆放应优先考虑交通法规和安全要求。

（3）标志信息发布应明确、连续、系统，防止出现信息不足或信息过载的现象；重要的信息宜重复显示。

（4）充分考虑道路使用者在动态条件下的视认性，即考虑在动态条件下发现、判读标志及采取行动所需的时间和前置距离。

（5）交通标志一般情况下应设置在道路行进方向右侧或车行道上方，也可根据具体情况设置在左侧，或左右两侧同时设置。

（6）交通标志的摆放位置不得被桥墩、柱、树木等物体遮挡。

（7）禁令标志设置在需要禁止或限制车辆、行人交通行为的路段或交叉口附近。

（8）指示标志设置在需要指示车辆、行人行进的路段或路口附近。

（9）指路标志设置在需要传递道路方向、地点、距离信息的路段或交叉口附近。

二、交通标志的分类

（一）按其作用分类

（1）主标志。

①警告标志：警告车辆、行人注意危险地点的标志。

②禁令标志：禁止或限制车辆、行人交通行为的标志。

③指示标志：指示车辆、行人行进的标志。

④指路标志：传递道路方向、地点、距离信息的标志。

⑤旅游区标志：提供旅游景点方向、距离的标志。

⑥作业区标志：告知道路作业区通行的标志。

⑦告示标志：告知路外设施、安全形势信息以及其他信息的标志。

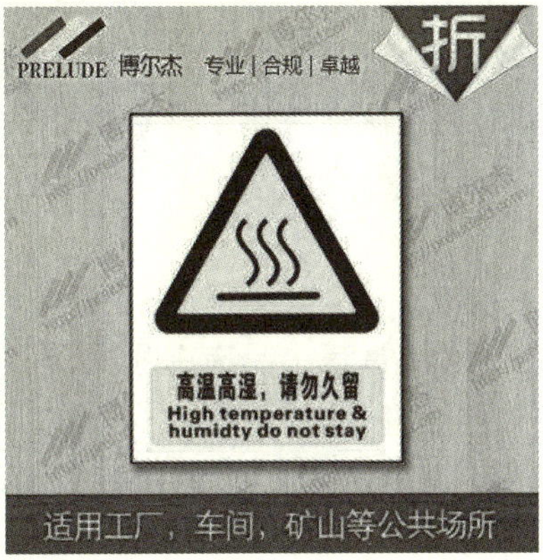

（2）辅助标志。附设在主标志下，起辅助说明作用的标志。

（二）按显示位置分类

（1）路侧式。对应的支撑结构形式为柱式、路侧附着式。

（2）车行道上方式。对应的支撑结构形式为悬臂式、门架式、车行道上方附着式。

（三）按光学特性分类

（1）逆反射式。

（2）照明式。又分为内部照明式和外部照明式。

（3）发光式。

（四）按版面内容显示方式分类

（1）静态标志。

（2）可变信息标志。

（五）按设置时效分类

（1）永久性标志。

（2）临时性标志。

（六）按标志传递信息的强制性程度分类

（1）必须遵守标志：禁令标志和指示标志为道路使用者必须遵守的标志。

（2）非必须遵守标志：仅提供信息的其他标志，如指路标志、旅游区标志。

三、交通标志的要素

在极短时间内易于辨别和记忆是对道路交通标志的主要设计要求，这就是道路交通标志的视认性要求。视认性决定了交通标志的形状、颜色和图符等要素的设计要求。

（一）形状

不同形状的标志，在其辨认过程中是有差别的。实践表明，外形面积相等的标志，容易辨认的顺序是：三角形—正方形—正五边形—圆形及正八边形等，可见棱角越多，视认性越差；此外，矩形标志容易同广告及其他结构物相混淆。因此，联合国及许多国家的道路警告标志都采用三角形。但也有些国家如美国、日本、澳大利亚采用菱形作为警告标志，原因是这些国家认为其面积更大，增强了视认性。

（二）颜色

多数心理学专家认为，颜色对视觉的刺激是最能激起人们注意的一种刺激。不同颜色刺激人们产生不同含义的思维反应，也即产生不同的视认效果，从而提高人们的视认能力。在视认清晰度方面，颜色的组合选择也是至关重要的，一般明亮色与暗淡色搭配，视觉清晰度为最佳。

选择道路交通标志的颜色时，除了从视觉清晰度上考虑外，还应从人们的心理效果上考虑，因此，各国道路交通标志颜色的选用基本上是相同的。如红色对人的视觉刺激特强，使人产生危险感，在交通上表示停止、约束之意，故红色常用于禁令标志上；黄色比较醒目，能激起人们注意，具有警戒、警告之意，这种颜色常用于警告标志上；蓝色具有宁静之意，多用于指示标志上；绿色含有沉静、通向和平之意，富有安全感，在交通上表示安全可通行，高速道路上的指路标志，如出入口标志、起终点标志、收费处标志等都采用绿色；白色和黑色主要起到颜色搭配的作用，以增强色泽鲜明感。

（三）图符

图符是文字、符号及图案的简称。道路交通标志大多是用图符表示的，要求文字具有简洁性和准确性，符号具有直观性与单义性，图案具有形象性和通俗性。图符应一目了然，不易发生误解，以使不同国家的人都能理解图符之含义。如表示十字形交叉口的标志，设置在交叉口前方，使人一看便知前方有十字形交叉口。

图符中尽量少用文字，只有在非常必要时才用。对某些道路条件复杂地段的标志，使用简洁文字能收到准确、迅速地反映标志内容的效果。如“禁止”“限制重量（或高度、速度）”等。再比如，旅游符号提供旅游项目类别、有代表性的符号及前往各旅游景点的指引，设在高速公路或其他道路通往旅游景点的交叉口附近，或在大型服务区内通往各旅游景点的交叉口。也可在指路标志上附加具有代表性的旅游符号，让旅游者了解景点的旅游项目。旅游符号下可附加辅助标志以指示前进方向或距离。另外，在指示标志和指路标志中都应使用简明易懂的文字。在道路交通标志中出现的数字号码，规定一律用阿拉伯数字。

四、交通标志的设计规定

（一）基本原则

道路交通标志的设计原则，主要从形状、颜色、图符等方面来考虑。它们之间既有各自的个别特征，又有结合起来统一的综合特征，总的基本原则是道路交通标志应易于辨认，便于记忆。

（二）设计规定

（1）警告标志。警告标志的颜色为黄底、黑边、黑图案。其形状为顶角朝上的等边三角形，它的边长和边宽需依据行车速度进行选取。

（2)禁令标志[①]。禁令标志的颜色，除个别标志外，一般为白底，红圈，红杠，黑图案，图案压杠。禁令标志的形状为圆形、八角形、顶角朝下的等边三角形。其各部分尺寸的最小值根据道路计算行车速度进行选取。

（3）指示标志。指示标志的颜色为蓝底、白图案。其形状分为圆形、长方形和正方形，其各部分尺寸的最小值根据道路计算行车速度进行选取。

（4）指路标志[②]。指路标志的颜色，除里程碑、百米桩外，一般道路的指路标志为蓝底白图案，高速公路为绿底白图案。其形状除地点识别标志、里程碑、分合流标志外，为长方形和正方形。指路标志的汉字采用标准黑体（简体），汉字高度应按行车速度选取，字宽与字高相等；阿拉伯数字和拼音字母、拉丁字母或少数民族文字的高度，以及汉字或其他文字的间隔、行距等，根据汉字高度确定。

---

①　禁令标志是交通标志中主要标志的一种，是对车辆加以禁止或限制的标志，如禁止通行、禁止停车、禁止左转弯、禁止鸣喇叭、限制速度、限制重量等。

②　指路标志是向道路使用者传递道路方向、地点和距离，或提供与之相交道路、著名地点、服务区等信息的标志；它能够保证道路使用者快速、畅通、准确地到达目的地，是一种正确引导交通的信息载体，是保证道路交通畅通的安全设施。

（5）旅游区标志。旅游区标志分为指引标志和旅游标志两大类。

①指引标志[①]。指引标志为旅客提供旅游区的名称、有代表性的图案及前往旅游区的方向和距离，设在高速公路出口附近及通往旅游区各连接道路的交叉口附近。

②旅游标志。旅游标志的颜色为棕色底白色字符。旅游标志的形状为矩形。旅游指引标志的尺寸应根据行车速度确定字高，再根据字数和图案确定版面大小。旅游标志设置在需要指示旅游景点方向、距离的路段或交叉口附近。

（6）作业区标志。作业区标志用以通知道路交通阻断、绕行等情况。设在道路施工、养护等路段前的适当位置。用于作业区的标志为警告标志、禁令标志、指示标志及指路标志，其中警告标志为橙色底黑色图形，指路标志为在已有的指路标志上增加橙色绕行箭头或者为橙色底黑色图形。作业区标志应和其他作业区交通安全设施配合使用。

（7）辅助标志。辅助标志的颜色为白色底黑色图形、黑色边框、白色衬边。辅助标志的形状为矩形。辅助标志的尺寸、代号同指路标志。凡主标志无法完整表达或指示其规定时，为维护行车安全与交通畅通的需求，应设置辅助标志。

第二节　道路交通标线

一、道路交通标线的功能与设置要求

（一）道路交通标线的功能

道路交通标线是指在道路的路面上用各种线条、箭头、文字、图案及立面标记、实体标记、突起路标和轮廓标所构成的交通设施。它的作用是向道路使用者传递有关道路交通的规则、警告、指引等信息，可以与标志配合使用，也可以单独使用。

（二）总体原则

（1）道路交通标线应符合道路使用的功能要求，向道路使用者传递有关道路交通的规则、警告、指引等信息。

① 指引标志是在主引导记录中，于非扩展分区记录上的一个 1 字节值。指引标志出现在分区记录的起始处，值为 0×80。0×00 的值表示分区没有设置引导标志。其他的任何值均无效。

（2）道路交通标线可与标志配合使用，也可单独使用。

（3）材料应耐久、耐磨损、耐腐蚀，与路面黏结力强，并具有良好的辨别性和防滑性。

（4）道路交通标线应采用环保材料，材料不应对周围环境及施工人员产生污染与危害。

（5）道路交通标线应能清晰地识别与辨认，并符合白天、雨天、夜间视认性规定的要求。城市快速路、主干路应设置反光交通标线。

（6）道路交通标线的色度性能应符合《道路交通标线质量要求和检测方法》（GB/T 16311—2009）的规定。

（三）设置要求

一般路段的交通标线应符合下列规定：

（1）城市道路双向行驶机动车时，对向行驶的车道间应画黄色对向车行道分界线，同向行驶的车道间应画白色车行道分界线。

（2）城市快速路应在机动车道的外侧边缘（路缘带内侧）画车行道边缘线，其他等级的道路宜在机动车道的外侧边缘（路缘带内侧）画车行道边缘线。

（3）机非分离行驶的路段当无实物隔离时，机动车道与非机动车道的分界应画车行道边缘线（机非分界线）。

（4）人行横道线的设置应根据道路等级、行人横穿需求、交通安全等因素确定。

（5）标线宽度应根据道路等级、设计速度和路面宽度确定。

二、交通标线的分类

（一）按其功能分类

（1）指示标线：指示车行道、行车方向、路面边缘、人行道、停车位、停靠站及减速丘等的标线。

（2）禁止标线：告示道路交通的遵行、禁止、限制等特殊规定的标线。

（3）警告标线：促使道路使用者了解道路上的特殊情况，提高警觉准备应变防范措施的标线。

（二）按其设置方式分类

（1）纵向标线：沿道路行车方向设置的标线。

（2）横向标线：与道路行车方向交叉设置的标线。

（3）其他标线：字符标记或其他形式的标线。

（三）按其形态分类

（1）线条：施画于路面、缘石或立面上的实线或虚线。

（2）字符：施画于路面上的文字、数字及各种图形、符号。

（3）突起路标：安装于路面上用于标示车道分界、边缘、分合流、弯道、危险路段、路宽变化、路面障碍物位置等的反光体或不反光体。

（4）轮廓标：安装于道路两侧，用以指示道路边界轮廓、道路的前进方向的反光柱（片）。

三、交通标线的要素

（一）颜色

道路交通标线的颜色为白色、黄色、蓝色或橙色，路面图形标记中可出现红色、黑色的图案或文字。

（二）形式

道路交通标线的形式分为实线、虚线、双实线、双虚线、虚实线。

第三节　道路交通管理辅助设施

一、道路交通隔离设施

道路交通隔离设施是交通管理部门在道路上设置的一种分隔交通流、保证车辆和行人交通安全、畅通的交通设施。它的特点是以物理实体强制分隔道路和车道，从而达到限制交通流的目的。交通管理部门在道路上设置的主要隔离设施有护栏、隔离墩、绿化隔离带及水泥体等。

（一）护栏

护栏设置在路肩的外侧、分隔带、人行道等处。设置护栏是为了防止车辆冲出路外或冲到对向车道，减轻碰撞后果，保护车辆和乘客的安全；诱导驾驶人视线，提高驾驶人注意力；限制行人横穿，保护行人安全。为实现不同的功能，可选用不同的护栏。按防护目的的不同，护栏可分为路旁护栏、分隔带护栏、行人护栏三种；按结构不同，护栏可分为刚性、柔性、刚柔性三种。

（二）隔离墩

隔离墩主要用钢筋混凝土制作或用生铁铸造，表面涂刷红白相间的油漆或贴反光膜，镶嵌视线诱导器，提高夜间行车时驾驶人的视认距离。隔离墩的高度为 0.50~1.00m，隔离墩的间距为 3~5m，中间用钢管或环链连接。

在城市中，可在中心线上设置隔离墩分隔对向机动车，减少对向机动车之间的碰撞；可在同向外侧机动车与非机动车之间设置隔离墩，减少非机动车对机动车的干扰；也可在环形立交桥或交织型立交桥上设置，把机动车与非机动车充分隔离，减少因相互交织而引起的非机动车对机动车的干扰。另外，也常在城市平面交叉口的各进口引道处设置 20~60m 长的机非车道隔离墩，或在中心线处设置中心隔离墩。隔离墩在城市道路中普遍采用，是一种制造简便、安装容易、移动方便的交通设施。

（三）绿化隔离带

绿化隔离带是在对向机动车道之间或同向机动车道与非机动车道之间，用水泥混凝土路缘石围砌成的一定宽度的空间，其上可以种植花草树木。绿化隔离带是分隔车辆排列的一种交通设施，同时起到美化城市或道路环境的作用。在公路干线上和城市道路上常用绿化隔离带做中心隔离带，在机动车道与非机动车道之间也常常采用此种形式。绿化隔离带的缺点是占用一定的道路宽度，其中的绿化物如过高且未定期修剪，当有行人从中穿越时，易造成交通事故。

（四）水泥体

水泥体是由钢筋混凝土浇灌而成的交通分隔设施，宽 0.3~1m，高 0.3~0.5m。一般用于中心隔离。有时在机动车道与非机动车道之间设置，既起到分隔交通的作用，又起到公共汽（电）车停靠站的作用。具有安全性强、驾驶人不易受对向来车干扰等优点。

二、道路照明

设置道路照明的目的是确保车辆驾驶人和骑自行车人、行人夜间出行时能随时清楚地掌握道路交通状况，改善视觉环境，保证出行安全、迅速，减少因视线不清而引发的交通事故。照明光源分汽车前照灯和路灯两种。

据英国、美国、瑞士等国调查表明：安装路灯后，高速道路的事故率减少 40%~60%，一般公路的事故率减少 30%~70%，城市道路的事故率则减少 20%~50%。考虑道路交通状况，照明可以是全线连续照明，也可以是对必要地点局部照明。夜间交通量较大的城市主干道、快速干道应全线连续照明；一般道路的重要地点，如交叉口、人行横道、桥梁、铁路道口、事故多发地点等可局部照明。

我国城市中，主干道、部分次干道及居民住宅小区、快速路等均设有照明设施，而绝大多数公路则不设照明设备。良好的照明设计应满足路面亮度、亮度均匀度的要求，防止眩光产生，且具有较好的诱导视线的作用。

（一）路面亮度

路面亮度是道路上的障碍物经照明设施照射在路面中形成的背影，也可定义为照明光线照射到路面上所产生的反光亮度，其平均值称为平均路面亮度。路面亮度与投射到路面上的照度以及路面材料有关。照度以光源等的亮度扩散到某个面上的大小来表示，单位为 cd/m^2。路面的照度随路面种类、干湿不同而变化，照明设计时采用干燥路面的照度。路面亮度 $1\ cd/m^2$ 相当于明亮的水泥混凝土路面 0~13lux，明亮的沥青路面 15~17lux，深色沥青路面 20~30lux。

（二）亮度均匀度

为使驾驶人员和行人能清晰地看到路面上的障碍物，路面除应具有足够的平均亮度外，还应有一定的亮度均匀度。路面最低亮度 L_1 与路面平均亮度 L_2 的比值称为亮度均匀度 U，一般道路需要满足 $U_0 \geqslant 0.4$。亮度均匀度差，障碍物的一部分往往被路面暗黑部分遮挡，出行者不易看清，有时会导致交通事故发生。因此，为改善亮度分布不均匀的影响，应采取必要措施提高路面平均亮度。

（三）光源与灯具

道路照明一般使用的光源有钠光灯、荧光水银灯、荧光灯、汞灯或卤化金属灯等。钠光灯色为橙白色（高压）或橙黄色（低压），透视性较好，特别适用于多雾的山区。另外，将它用于交叉路口、急转弯处、危险地点，可以唤起驾驶人的注意，效果好。荧光水银灯是道路照明中最常用的照明光源，寿命长、经济，光色为白色。光源设置既应满足充分照明的要求，还应保证不使驾驶人感到眩目。

眩目与灯具种类和安装的亮度有关。灯具按配光特性分为遮光型、半遮光型、无遮光型三种。遮光型灯具使用于避免眩光的主干道上，半遮光型使用于道路两侧较明亮的道路上。灯具安装高度一般为 5~15m 较经济。为了确保路面有良好的亮度均匀度，应考虑灯具排列方法，灯具排列方式分为单侧排列、交错排列、对向排列三种。

（四）道路照明方式

照明器安装在 10~15m 高的灯杆顶端，沿道路两侧或一侧布置，此种道路照明方式应用最为广泛。在15~40m的高杆上装有多个大功率照明灯进行大面积照明，此种道路照明方式适用于复杂的立体交叉口、汇合点、停车场、收费站、广场等处的照明。在道路中央分隔带中，安置高为15~20m的灯杆，在灯杆之间拉钢索，把照明器悬挂在钢索上进行照明，此种道路照明方式用于有隔离带的道路。在车道两侧的护栏上约1m高的位置设置照明器。

三、其他附属设施

（一）视线诱导标

（1）视线诱导标的概念和分类。视线诱导标是指沿车道两侧设置的，为使驾驶人在行车时充分看清前方道路的情况下，保持安全、畅通行驶，用以指示道路方向、车行道边界及危险路段位置的设施总称。视线诱导设施分为轮廓标、分流和合流诱导标、线形诱导标三种。一般国道、省道、县道个别路段常沿道路两侧植树，并在树干上涂白色反光漆，车灯照射下起诱导视线的作用。公路线形、路面宽度等变化处，仅以树木涂反光漆难以辨清，应设置反光性视线诱导标。高速公路、汽车专用一级公路应设置由反射器、立柱和各种连接件、基础等组成的反光性视线诱导标，以确保高速行车的安全。

（2）视线诱导标的构造及设置要求。视线诱导标一般由反射器、立柱和基础组成。合流诱导标和线形诱导标都是由反射器、底板、立柱、连接件和基础等组成。反射器一般为圆形或长方形，颜色有白色与橘黄色，所用材料为合成树脂、玻璃或反光镜片。立柱为铁管，颜色一般为白色，有时也可涂黑白相间线条，便于白天分辨。干线公路除视线良好的路段外，都应按要求设置视线诱导标。反射器的位置设置在行车道右侧路肩外缘、中央分隔上，高度在路面上0.9~1.2m，设置间距为40~50m。若是小半径右向曲线，应设在外侧。在城市快速路上应设置视线诱导标，在照明设施很完善的城市主干道和一般街道上不予考虑。立交桥左右转弯匝道，在左右两侧均应设置连续视线诱导标，反射器的颜色为橘黄色，最大间距为25m。

（二）道路反光镜

道路反光镜一般设置在道路视距不足的小半径曲线或无控制装置的小型平面交叉口、铁路道口等处。驾驶人或行人通过反光镜辨认前方道路、交通状况，便于提前采取动作，预防事故发生，属于临时性措施。尤其在山岭地区拐弯处、事故多发路段，根据实际情况适当设置反光镜，有一定的安全效果。道路反光镜由反光镜和立柱构成，分为圆形、方形与椭圆形，其中圆形反光镜最常用、最普遍，有单面镜和双面镜。反光镜采用凸形镜，凸形镜反映的图像必须清晰准确，其镜面半径应满足标准规定。圆形镜适用于纵向需要有宽阔视野的情况，方形镜或椭圆形镜适用于横向需要有宽阔视野的情况。在平面交叉口通常设双面圆形镜，镜面材料有丙烯树脂、玻璃不锈钢、聚碳酸酯等。圆形反光镜的直径有 90cm、120cm、160cm 三种，常用直径为 90cm 的圆形反光镜。镜面中心离地面约 1.5m，支柱用警戒色黄色涂刷。

（三）反光道钉和反光几何体

反光道钉俗称反光路钮或猫眼道钉，由铝合金铸成或由其他材料铸成（其中铝合金占较大比重）。从结构上分为直柄式、宽体式和黏附式。反光道钉多用在城市快速路、主干路、高速公路以及汽车专用一级公路上，如城市道路中心线、分道线，或交通岗四周、道路建筑物四周、环道四周，以及立交桥上和道路转弯处。在高速公路上多用于进出口匝道的转弯处和桥梁隧道内，部分路段设置连续反光道钉，如广州至汕头高速公路沿线设有连续反光道钉。成串反光道钉，在夜间形成夜间导向带，对驾驶人夜间视线诱导起着重要作用，有利于交通安全。反光几何体用有色或无色的透明塑料制成，是一种与道钉功能相同的反光体。其反光原理是利用光线在几何体内折射形成的。反光几何体常用在路缘栅栏上，或是中央护栏上，也可用在道路中心的实线中间。

（四）减速垄和阻车器

（1）减速垄。减速垄由橡胶、金属材料或水泥混凝土制成，设于停车场出入口处，形状为人字形，两边有 5%~10% 的斜坡，目的是使进入、驶出停车场的车辆减速，确保行车安全。由橡胶材料制成的减速器，价格便宜，安装方便，其上可涂刷黄、黑相间的管理线以引起驾驶人注意。减速垄也常设置在城市主干路、快速路的出入口处。

（2）阻车器。阻车器由生铁或其他金属材料制成，设置于停车场内的停车泊位一端，可阻止停放车辆溜车或限制车辆倒车，是一种防碰撞的安全设施。

（3）交通岛。交通岛是为控制、引导车辆行驶，保护行人安全而在道路上设置的安全设施。交通岛按使用要求分为导流岛、安全岛等。导流岛一般采用缘石围成高于路面的实体岛。当岛面窄小时，可采用路面柱线表示隐形岛。计算行车速度大于 60km/h 的公路，平面交叉口处横穿的行人较多，且横穿距离较长时，则应设置安全岛。在无地下通道和人行天桥的城市主干道、快速路，人行横道中间应设置安全岛，以确保行人安全。安全岛由钢骨架和铁皮制成，外侧涂成黄色底漆、红色线条，并写有“安全岛”字样。也有采用钢筋混凝土结构的安全岛。安全岛一般设在路面宽度超过 24m，且车流量大、行人量也较大，行人常常不能一次通过的道路上。

此外，还有橡胶护角、护墙胶、路栏、路障、导向标、道口标柱等。

第四节　城市轨道交通设施

2004 年至今，中国城市轨道交通设备制造业得到了较快发展。城市轨道交通设施的设备综合国产化率基本达到了 70%，A、B 型车辆实现了自主设计和生产，大型车体铝型材实现了自主生产，制动系统、牵引传动系统（VVVF）、自动售检票系统等产品的国产化也不同程度地取得了进展。设备国产化水平提高后，设备的技术水平及城市轨道交通设施的建设运行水平也得到了提高，而设备价格和城市轨道交通设施建设投资、运行费用大幅度降低。城市轨道交通设备国产化的薄弱环节是系统集成、产品开发和国产化设备的推广使用等，国产化的难点是信号系统、牵引传动系统、自动售检票系统、车钩缓冲系统等。这些产品的国产化率较低，国内企业普遍没有掌握核心技术或总成技术，用户单位也普遍倾向于采用国外产品。下一阶段将针对国产化的薄弱环节和难点，采取新的政策措施，进一步深入推进城市轨道交通设备国产化工作。

一、城市轨道交通设施

现如今，城市轨道交通逐渐普及，与之相应的设施也日益完善。自动控制技术、网络通信技术、信息管理等自动化技术在城市轨道交通领域得到了越来越广泛的应用，但与建筑领域、工业诸多领域的自动化水平和成功经验相比，尚有一定的差距。地铁的线路长、地下车站特殊的环境条件、多专业、多种设备和系统的结合使整个自动化系统的复杂程度和结构组成不同于楼宇智能化，与工业自动化系统也有很大的差异。地铁车站自动化系统主要由车站环境与设备监控系统（BAS）、火灾自动报警系统（FAS）、电力监控系统（电力 SCADA）、列车自动控制系统（ATC）、自动售检票系统（AFC）、闭路电视系统（CCTV）、公共广播、有线和无线通信系统等组成，上述系统直接服务于运营管理。国内投入运营的地铁基本采用上述系统完全独立方式，这种结构加重了全线通信网络的负担，造成计算机硬件和软件资源的严重浪费。由于设备管理界限划分过细，使得地铁管理、维护队伍庞大，不能形成统一管理，限制了地铁运营管理整体水平的提高。

二、管理模式

设备监控与管理系统主要服务于地铁车站及地面控制中心的调度管理部门，因此它与地铁的运营管理模式密不可分。

（1）分散管理模式。国内地铁的运营管理普遍采用的是分散管理模式，各管理部门基本独立，互不干涉。该管理体制与系统各自独立成网的自动化解决方案是吻合的。这种管理模式制约了地铁运营管理科学化、现代化的步伐，加大了运营成本和设备投资。

（2）集中管理模式。国内地铁自动化技术和管理水平的提高，使运营管理理念和运营模式发生了根本的改变。通过机构重组，地铁运营管理部门开始由分散管理向着集中管理的方向发展，为满足地铁新的管理模式，地铁综合自动化逐步在地铁领域得到推广应用，并且是未来地铁自动化的首选方案。实现地铁无人化管理，通过减员增效降低设备和运营成本是地铁设计者和管理者追求的目标。但是，如何构建地铁大型综合监控管理系统、系统结构的组成和信息综合方式尚在探讨中。

三、组成和结构

BAS 的控制系统由 PLC 系统构成；电力监控系统可由 PLC 系统或 SCADA 系统构成。BAS 和电力 SCADA 均具备局域网通信功能，通过网络适配器可直接与车站管理层的实时服务器和工作站进行数据交换。FAS 由专用消防控制设备构成，通信协议一般不开放且报警控制器大多支持串行通信。FAS 可通过通信控制器进行串行局域网的通信协议转换后，再与实时服务器和工作站进行数据交换。

实时服务器的主要作用是对 BAS、电力 SCADA、FAS 的开关量和数据量信息统一进行筛选分类，分别刷新电力设备、机电设备及报警设备的数据库记录，并以实时或分时方式将数据上传至中心历史服务器。历史数据库具有长期归档功能；实时数据库具有短期归档功能，当车站管理层离线后，仍可短期存储本车站的历史数据，以确保网络恢复后历史服务器中数据的连续性。

正常情况下，工作站从服务器中获得数据，以动态图形和文本方式进行显示；当车站服务器发生故障（无冗余措施）时，工作站可直接从控制层获取数据。由中心工作站发布的操作指令或运行模式可经过或不经过车站工作站（视具体情况而定），传送至控制层的控制系统；ATS 的车辆堵塞信息和 FAS 的火灾报警信息经过通信控制器直接上传至中心管理层工作站和车站控制层的相关系统。操作指令和事件信息不经过服务器直接进行源端至目的端的数据传送，可通过减少中间信息传输环节，提高系统对事件的响应速度和可靠性。

第三章　城市公共交通服务管理

第一节　城市公共交通从业人员的素质

一、强烈的服务意识

（一）塑造企业形象的意识

对于城市公共交通企业来讲，塑造企业形象、建立品牌信誉是一项全方位的工作，要让全体职工自觉地意识到企业组织是作为整体出现在社会上的，每个职工在管理和服务中都不同程度地代表着组织，每个职工自身形象的好坏或多或少地影响着组织的形象。所以城市公共交通从业人员要树立起自身与组织休戚相关、荣辱与共的意识。

树立形象、建立信誉是城市公共交通企业的一项战略性的目标，是公共交通企业长期的任务。企业良好的形象建立后，仍有不断更新的问题。随着社会经济、文化和政治的发展，乘客素质、价值观和需求也会发生相应的变化，这就要求公共交通从业人员树立起不断完善企业形象的意识，并付之行动。

（二）热情为乘客服务的意识

乘客出行，无论乘什么车都想在乘车过程中有舒适、洁净的车厢环境和一种宽松、和谐的乘车气氛。这种意念既反映了人的本能即生理上的需要，同时也反映出人的心理即精神上的需要。作为城市公共交通企业，有义务也有责任为广大乘客提供一个完美、舒适的硬件环境（包括车型、车况、车厢内的设施等）；但更为重要的是，城市公共交通从业人员应该牢固树立主动、热情为乘客服务的意识，在现有的物质条件下，尽可能地为乘客营造一种洁净、温馨、宽松、和谐的车厢气氛以弥补硬件的不足，想方设法满足乘客的生理、心理需求，使乘客高兴而来，满意而归。

（三）沟通交流的意识

车厢虽然空间有限，但常常人员密集，构成复杂，是一个充满矛盾的小社会。工作的劳累、精神的压力，会使一些乘客稍不顺心就会把怒气发泄到乘务员、驾驶员或其他公共交通从业人员身上。由于双方无所顾忌，难免言辞激烈，从而极大地伤害双方的感情，影响其他乘客的乘车情绪，破坏良好的乘车秩序。因此，乘务员以及其他公共交通从业人员要培养自己的沟通交流意识，注重运用语言艺术来感化乘客的心灵，增进双方之间的理解和信任，防止和减少无谓的摩擦和矛盾，促使广大乘客文明乘车。

二、良好的心理素质

（一）自信的心理

自信是人们发展自己、成就事业的原动力之一，一个人具备了自信心才会正视自己，并激发出旺盛的工作热情和极大的毅力。公共交通从业人员应具备处变不惊、临危不乱的气度，而要做到这一点，就必须具有强烈的自信心。行车过程中遇到突发事件，缺乏自信就会手足无措，不能很好地把握转机；而充满自信的公共交通从业人员则会以稳健的姿态、灵敏的反应以及经验和智慧，转危为安。

（二）热情的心理

城市公共交通行业是服务性行业，它要求公共交通从业人员对服务工作有极大的热情，全身心地投入，以饱满的情绪和从容不迫的态度克服困难，认真做好服务工作。热情的心理能使公共交通从业人员工作时充满激情，充满想象力，成为车厢内的“光明使者”。

（三）开放的心理

开放心理的表现是善于接受新鲜事物，善于学习他人的长处，不因循守旧，不墨守成规，能宽容接受各种各样的与自己性格、志趣不同的人，善于与各种类型的人打交道；能冷静对待和处理工作中所遇到的困难、挫折，不会斤斤计较一时一事的得失。

三、高尚的职业道德

城市公共交通从业人员的工作时间长，服务对象形形色色，意外情况经常发生。这些公共交通行业的职业特点，要求城市公共交通从业人员应具有吃苦耐劳、勤奋努力的工作态度，摆正服务主体与服务对象之间的关系，以自责、自律的精神，主动检点自己的言行，不断改善自己的工作，赢得乘客的信赖。城市公共交通从业人员还应具有真诚可信、踏实进取的工作精神，不应付、不推诿，勇于承担责任。公共交通从业人员还必须树立善解人意、乐于助人的高尚职业道德，从职业道德出发，去关心乘客、热爱乘客，并以自己的优质服务取信于乘客，与乘客建立新型的人际关系。

四、合理的知识结构

（一）乘客心理学知识

“服务为本、乘客至上”是城市公共交通行业的服务宗旨，而体现这个服务宗旨的重要内容之一是善解人意，主动周到地为乘客服务，服务在乘客开口之前。如果不研究乘客的心理，不了解乘客的心理，也能为乘客服务，但只是被动服务。一般来说，被动服务不能称为优质服务。服务者只有掌握了乘客的心理及心理活动规律，才能在乘客的一个眼神、一个动作、一句话中体察到乘客的种种需求，争取主动，才能“急乘客所急，想乘客所想”。

（二）交通法规知识

安全是城市公共交通行业优质服务的最重要的指标，驾驶员要时刻牢记安全行车；乘务员也有责任和义务积极配合驾驶员认真做好行车安全工作，避免乘客的财产和生命受到意外损失。要做好行车安全工作，驾驶员、乘务员以及其他公共交通从业人员都必须了解“交通法”和行车注意事项，并严格遵守、不折不扣地履行交通规则。

（三）其他知识

为了热情解答乘客的询问，及时处理好车厢内外发生的各种突发事件，公共交通从业人员还必须熟悉城市交通地理，了解法律常识，明确城市公共交通相应的规章制度，具备一定外语、方言和哑语等会话能力，这些都是平凡岗位做出不平凡业绩的前提。

五、一定的工作能力

（一）表达沟通能力

表达沟通能力是城市公共交通从业人员在管理和服务中必须具备的工作能力之一，主要包括文字表达能力、口头表达能力、协调沟通能力等，文字表达能力要求公共交通从业人员掌握各类应用文体的格式、特点，熟练运用语法、修辞、逻辑等知识，做到文字表述准确、自然、简明扼要；口头表达能力要求公共交通从业人员在管理服务过程中注重表达的准确性、生动性、幽默性；力求通过口头表述将行业的思想、宗旨、服务、形象传递给乘客和其他服务对象，以得到他们的认可、理解和赞赏；协调沟通能力要求管理者在日常工作中妥善处理好与上级、同级、下级等各种关系，减少摩擦，能够调动各方面的工作积极性。一个优秀的城市公共交通从业人员，要想做到下级安心、上级放心、同级热心、内外齐心，就必须要有良好的沟通协调能力。

（二）人际交往能力

城市公共交通从业人员需要了解不同乘客的心理特征与行为特征，善于与不同职业的人交往，并以自己高雅、随和、诚实、开朗的形象，博得乘客的信赖和好感。交际成功的秘诀在于遵循人际交往中的各项礼仪，理解对方，尊重对方，关心对方，帮助对方。

（三）自控应变能力

城市公共交通从业人员在长期为乘客服务的过程中，难免会遇到一些态度粗暴、吹毛求疵的乘客。以微笑服务著称的公共交通从业人员在遇到这类情况时要以自己的冷静使对方平静，以自己的和颜悦色消除对方的冲天火气。这一点对于缺乏自控能力的人来讲是很难做到的。自控并非目的，自控是为了在各种突发事件面前保持清醒的头脑，分析各种主客观因素和条件，然后设法解决矛盾。所以，自控之后还需应变，应变需要理智与机智。面对复杂的情况，城市公共交通从业人员要随机应变，应付自如。

第二节 通勤乘客心理及行为的剖析（以地铁为例）

一、地铁通勤乘客心理特征与心理需要的分析方法

一般来说，地铁通勤乘客普遍具有以下心理特征，而针对相应的心理特征我们通过相应的方法进行心理需要的分析，其中分析的方法主要有以下几种：

（1）问卷法[①]。列举了几项典型的心理特征，采用问卷调查的方式在常使用地铁出行，尤其是使用地铁出行的通勤乘客中派发，得到的调查问卷结果汇总并转化为数据，定量定性结合分析。

（2）观察法[②]。到地铁各个站点，在上下班时间观察通勤乘客的典型行为，记录、收集并汇总。

（3）理论模型引用。心理需要分析主要是依据心理学家亚伯拉罕·马斯洛提出的需要层次理论[③]分为人的生理需要、安全需要、归属和爱的需要、尊重的需要这几个基本的层次，分析通勤乘客在出行时段中的必要需要和需要；同时也收集调查问卷中以及车站意见簿中的意见，汇总得出结果并提出服务方案，结合地铁实际情况得到更人性化的服务对策，完善课题研究。

二、地铁通勤乘客主要心理特征及心理需要分析

由于每个人所处的生活环境以及教育程度不同，所以每个人的心理状态会有所不同，这会对通勤人群的行为产生不同的影响，心理需要也会因为每个人的职业、环境、性别、出行目的受到影响。人群的心理会对人的行为有映射作用，因此心理上的影响也会给出行环境和社会带来影响。以地铁通勤为例，地铁服务不好就会对通勤出行的乘客出行时的心理造成影响，乘客原本的心理特征会发生改变，甚至存在两种或多种心理导致某些行为的产生，并对社会造成影响。例如：由于车站工作人员服务态度差、车站换乘不方便、等待时间过长或者购票途径烦琐并且无向导人员等问题就会对乘客的心理造成影响，

---

① 问卷法是通过由一系列问题构成的调查表收集资料以测量人的行为和态度的心理学基本研究方法之一。“问卷”译自法文“questionnaire”一词，其原意是“一种为统计或调查用的问题单”。

② 观察法是指研究者根据一定的研究目的、研究提纲或观察表，用自己的感官和辅助工具直接观察被研究对象，从而获得资料的一种方法。科学的观察具有目的性、计划性、系统性和可重复性。

③ 1943 年，由美国著名心理学家亚伯拉罕·马斯洛提出需要层次理论，说明个体成长的内在动力是动机。

进而还可能会发生以下社会问题：乘客与工作人员或乘客互相产生纠纷，损害身心健康，降低上班劳动效率；进而导致乘客上下班使用交通工具时间延长，晚回家影响家庭和睦相处；引起通勤乘客对地铁系统的不满、对事业的不满、对生活的不满、对政府的不满等；这些都是通勤乘客心理需要和心理特征变化过程有可能产生的问题。

因此只有对不同特点的人群进行分类并分析其不同特点下的心理特征，知道每种心理人群的共性，才能明白通勤人群出行过程中的需要，进一步针对需要提出服务的更改并制订方案；才能降低社会危害问题的发生，提高地铁服务评价的水平。

（一）地铁通勤乘客主要心理特征分析

根据图 3–1 可知：大多地铁通勤乘客心理类型主要为匆忙、愉快、舒适、焦虑四个特征，下面从这几个心理特征出发分别进行说明。

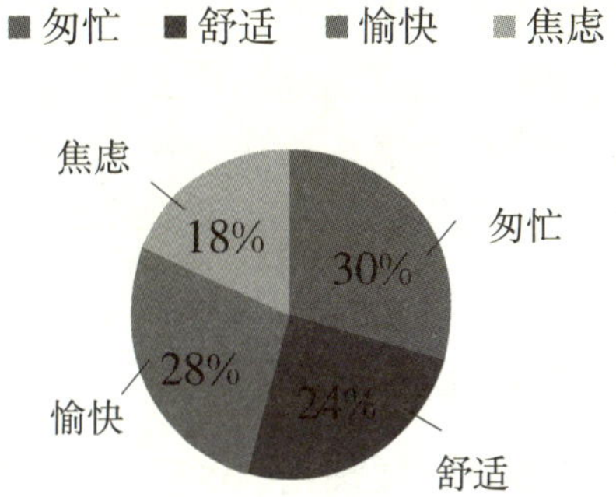

图 3–1　地铁通勤乘客心理特征统计

（数据来源：根据笔者实地调研获取的资料整理而成）

（1）匆忙心理。在通勤时刻由于轨道交通的准点率高并且发车时间间隔短，乘客对轨道交通产生依赖性并且习惯在计划好的时间内乘坐地铁，但由于道路交通或者步行以及天气等因素会影响乘客从家中到达地铁站的时长，乘客无法拿捏准点时间，所以会产生匆忙的心理。还有一种情况是在未计划乘坐时间的情况下乘客希望能赶上即将到达的地铁缩短自己的等待时间，也有可能是在安检、售检票、进站时的突发状况导致了时间延迟又想赶上到站地铁，因此会产生匆忙的心理。调节乘客的匆忙心理是很值得思考的一方面，研究如何满足乘客，需要出台相关服务对策。

（2）愉快心理。地铁通勤乘客的愉快心理受许多个人和外部方面的影响。个人方面如天气、乘客心情、私人工作；外部方面如等待列车的时长、列车的准点率、工作人员的态度、购票手续的繁简等问题。但我们看到统计结果显示通勤乘客的愉快心理占比重排第二，这说明对于许多客观因素影响的心理问题，乘客还是能理解宽容的。因此在相互理解的情况下，轨道部门应该通过服务的改变来调节通勤乘客的心理。

（3）舒适心理。在早晚高峰的地铁通勤乘客中不少乘客对舒适性有要求，例如：希望有座位，希望自己能在靠近门的位置方便上下车。人流较为稀疏的车厢相比其他车厢环境更为舒适并且安全性也更高。对于地铁通勤乘客来说，早晚高峰时期没有突发客流量的情况下，乘客出发时间未到人流高峰期或进站方便快捷而缩短了出行过程中的交通时间，乘客会出现舒适性的心理，也不排除地铁针对通勤乘客个性化服务的原因使得乘客增加了舒适性。因此研究通勤乘客心理服务对策是一个很有意义的课题。

（4）焦虑心理。焦虑是指一种缺乏明显客观原因的内心不安或无根据的恐惧，是人们遇到某些事情如挑战、困难或危险时出现的一种正常的情绪反应。焦虑通常情况下与精神打击以及即将来临的、可能造成的威胁或危险相联系，主观表现出感到紧张、不愉快，甚至痛苦，以至于难以自制，严重时会伴有植物性神经系统功能的变化或失调。在乘坐公共设施中，焦虑是指一种缺乏明显客观原因的内心不安或无根据的恐惧，是乘客遇到交通人流量大的假日高峰，乘坐公共设施一般会遇到某些不安、忐忑、害怕乘车、怕拥挤及等不到车的不安心理现象。

（二）针对地铁通勤乘客心理需要进行分析

需要层次理论是解释人格的重要理论，也是解释动机的重要理论。其提出个体成长的内在动力是动机。马斯洛认为，动机是由多种不同层次与性质的需要组成的，而各种需要间有高低层次与顺序之分，每个层次的需要与满足的程度将决定个体的人格发展境界。需要层次理论将人的需要划分为五个层次，由低到高，并分别提出激励措施。如图 3-2 所示。

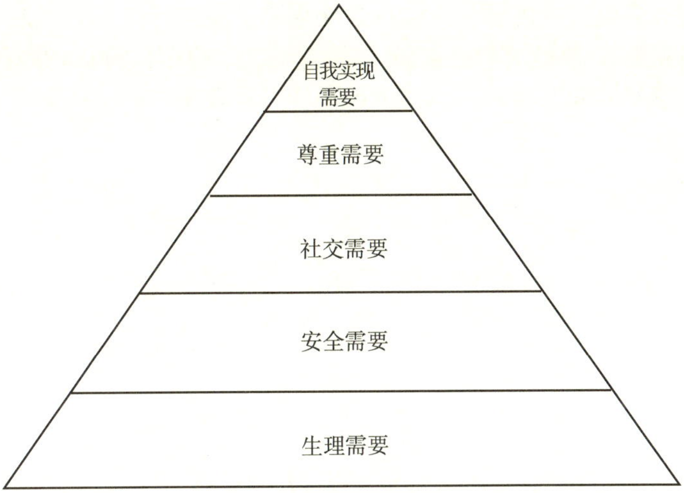

图 3-2　乘客心理需要的层次

只有行为满足了低层次的需要，才能起到一个向高层次发展的激励作用，向高层次的需要做出行动。在乘客需要心理层次中，各种需要之间互相联系，互相重叠。对地铁通勤乘客来说，最基本的生理需要就是轨道公司能满足乘客乘坐地铁时的舒适度，保证乘客出行的方便快捷；其次是乘客的安全需要，即有相关的工作人员保证乘客的出行安全，降低事故发生率；最后的社交需要、尊重需要、自我实现需要是在最基本的两项需要满足后，结合外部条件以及乘客自身的心理满足而发展达到的层次。任何高层次的满足都无法缺失低层次的需要，因此我们应该先从轨道公司的各项外部条件出发，结合轨道公司的服务对策才能满足乘客的基本的低层次需要。

（三）影响地铁通勤乘客心理的主要因素

在乘坐轨道交通出行的过程中，乘客的心理需要大多时候由外部服务来满足,而乘客的心理特征同时可能受到自身情绪或者乘坐地铁时的外部因素影响，因此，通勤乘客的心理特征和心理需要相互依存；在满足乘客需要的时候，乘客的心理特征也会随之改变。

总而言之，在地铁出行的过程中满足了乘客的需要，对通勤乘客有相应的服务对策，才能使之心理特征有变化。因此，对乘客的心理需要以及心理特征进行分析是个必要课题，这也响应了本研究的分析目的。

从乘客需要以及乘客心理影响方面进行分析我们可以得知：乘客自身的内部因素会导致乘客出行时间以及自身情绪都受到一定程度的影响，而从外部因素来看，乘客是因为列车发、停车时间延迟的问题以及车内拥挤而导致心理受到一定程度的影响。作为两种不同的影响因素，其内部与外部因素有一定的联系。地铁站内拥挤、列车内环境复杂，这都是因为乘客出行的安全需要未被满足；而列车发、停车时间和乘客进站速度都是因为乘客出行的生理需要未被满足；只有满足了乘客的这些基本的需要，才能透过乘客行为去解决影响通勤乘客心理的内外部因素。如图 3-3 所示。

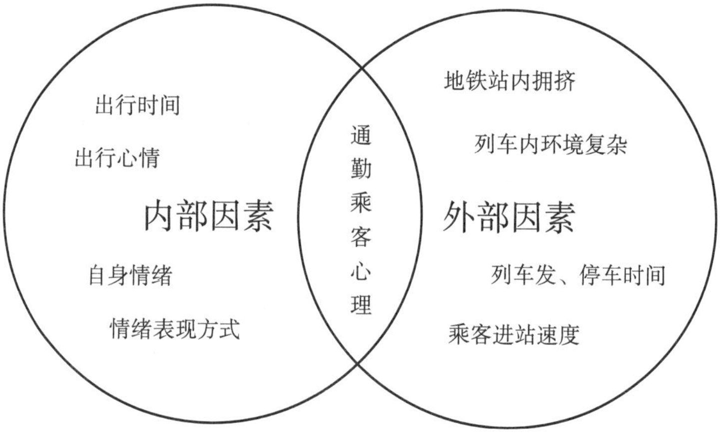

图 3-3　通勤乘客心理影响的因素

第三节　城市公共交通行业职业道德

一、职业道德

（一）职业道德的含义

职业道德是同人们的职业活动相联系的、具有自身职业特征的行为准则和行为规范。恩格斯曾经说过：“每一个行业都各有各的道德。”恩格斯这里所说的道德就是指职业道德。

（二）职业道德的特点

职业道德和其他社会道德相比，有自身的特点。这些特点主要表现在以下几个方面：

（1）从适应范围上看，职业道德具有职业性的特点。职业道德是围绕职业活动特定的权责、方式和规律展开的，是反映、调节职业活动特殊矛盾的准则。

在一个社会里，行业多种多样，职业道德也多种多样。每一种职业道德一般只适用于本职业人员，不可能也不应该被用来约束其他职业人员的行为。

（2）从内容上看，职业道德具有稳定性的特点。职业道德的稳定性表现为世代相传的职业传统所形成的人们比较稳定的职业心理和职业习惯。例如：经商要“买卖公平，童叟无欺”，从医要“救死扶伤，不危害病人”等。这些职业道德在各个社会形态中基本上是一致的，超越了不同的社会形态，相对稳定地保留至今。

（3）从形式上看，职业道德具有具体性的特点。职业道德的具体性是指职业道德的要求常常规定得非常具体，往往是针对职业活动的某些场合而具体制定的。例如：驾驶员在行驶中的“礼让三先①”等。

（三）职业道德的基本内容

职业道德的基本内容主要包括：职业义务、职业良心、职业荣誉、职业信誉和职业纪律。

（1）职业义务。职业义务是职工对本职和社会所承担的道德上的职责，也是社会和本职工作对职工的道德要求。职业义务包括职业责任、职业使命和职业任务。其中，职业责任是职业义务中的核心；职业使命和职业任务是社会对各行业的道德要求。这些道德要求要通过各行业履行自己的职业责任来实现和完成。

（2）职业良心。职业良心是职业人员在履行职业义务过程中所形成的职业责任感和自我评价能力。职业良心是多方面的，它表现为对本职工作的责任感、对职业对象的同情感、对职业行为的是非感。

（3）职业荣誉。职业荣誉是在良心的启迪下，履行了职业义务以后获得的一种公认的社会价值评价。荣誉的获得与义务、贡献紧密相连，是鼓舞人前进的力量，其精神动力是理想和志气。

（4）职业信誉。职业信誉是指职业活动中信用和与之适应的社会赞誉的统一。它包含企业的信用和名誉，也包含企业生产的产品的信用和名誉。职业信誉有助于增强从业人员的自豪感，这种自豪感又反过来激发从业人员更加珍视本企业现有的职业信誉，并为建立更高的职业信誉而兢兢业业地工作。

（5）职业纪律。职业纪律是实现职业道德的一种带有强制性的调节机制，是企业根据职业道德的要求制定的本职业范围内必须遵守的纪律、守则等。它强制职工将自己的行为纳入职业道德的轨道，要求本行业人员无一例外地遵守。

① “礼让三先”是一个文明行车的法则，即先让、先慢、先停。其意思是绝对不可抢行争路，互不相让，以致形成僵持局面。

职业纪律是各行业在长期的生产经营活动中逐渐形成的，是成功与失败经验的总结，有的职业纪律甚至是用血的代价换来的。因此不能掉以轻心，必须严格遵守。

二、城市公共交通行业职业道德

（一）城市公共交通行业职业道德的含义

城市公共交通行业职业道德是社会主义职业道德的一个组成部分，是城市公共交通从业人员调整个人与乘客、个人与集体、个人与社会之间关系的行为准则和行为规范，是在社会主义职业道德原则指导下，根据本行业的特点，逐步形成的与职业责任、职业纪律、职业义务相联系的职业道德观念和职业道德标准。

（二）城市公共交通行业职业道德的基本原则

城市公共交通行业职业道德的基本原则是坚持社会主义经营服务方向，树立高尚的职业道德观念，时时处处体现乘客和社会的利益。城市公共交通行业职业道德把“安全第一、服务第一、乘客第一、信誉第一”作为企业的经营服务思想，强调“十字方针”（安全、迅速、方便、准点、舒适）是公交企业的优质服务标准，积极实施便民、益民的服务方法，努力增强营运服务功能，最大限度地满足城市经济建设和人民生活的需要。

（三）城市公共交通行业职业道德的基本内容

城市公共交通把“方便乘行、待客文明、保障安全、准点运行”作为城市公共交通行业职业道德的主要内容，要求每一位城市公共交通从业人员严格遵守。

城市公共交通具有鲜明的服务性特点，是城市精神文明建设的重要窗口。城市公共交通从业人员的思想品质、精神风貌、道德情操、举止行为将直接影响到企业服务质量、行业声誉和社会风气。因此，城市公共交通从业人员一定要注意工作规范（语言规范、行为规范、仪表规范），运用职业道德来制约自己，确保城市公共交通企业经营宗旨的落实。

（四）加强城市公共交通行业职业道德建设的意义

城市公共交通是城市的动脉、社会生产的第一道工序、精神文明的窗口，因此，加强城市公共交通行业职业道德建设具有重要意义。

（1）有利于城市经济的发展和社会的稳定。城市公共交通日复一日、年复一年地运送各种类型的乘客到城市各地工作、学习、生活、娱乐，这本身就是促进经济发展的基础。城市公共交通越发达，经济就越繁荣。城市公共交通的正常运营也是社会稳定的重要标志。

（2）有利于企业坚持正确的经营方向，促进企业的改革和发展。城市公共交通的行业精神是“一心为乘客，服务最光荣”。这句话高度体现了城市公共交通行业职业道德的本质是“乘客至上，服务为本”，而这正是城市公共交通企业坚持为人民服务经营方向的基础。城市公共交通企业只要坚持全心全意为乘客服务的宗旨，两个效益就会不断提高，企业在市场中的竞争力就会提高，这就为企业的改革和发展奠定了良好的基础。

（3）有利于职工队伍素质和运营服务质量的提高。提高运营服务质量最根本的是提高职工队伍的素质。职工队伍的素质是由思想道德和科学文化两部分组成的，起决定作用的是思想道德素质，而职业道德素质是最重要的思想道德素质。因此，提高职工队伍的职业道德素质，可以促进职工队伍的形成，促进企业运营服务水平的提高。

（4）有利于精神文明的传播，促进社会风气的好转。城市公共交通每个流动的车厢都是精神文明的窗口，每一名乘务人员都应成为精神文明的宣传员，而这是需要良好的职业道德做保证的。人际关系的改善，社会风气的好转离不开像公共交通车厢这样的“社会细胞”，从小到大、从点到面进行精神文明方面的建设。

三、驾驶员职业道德

城市公共交通行业要维护营运生产的正常运行，保证良好的社会服务效益和经济效益，离不开一支具有强烈事业心、高度责任感的优秀驾驶员队伍。驾驶员的职业道德主要包括以下几个方面：

（一）热爱本职，尽忠职守

热爱本职就是要以正确的态度对待自己所从事的职业劳动，努力培养对它的感情，树立起职业荣誉感，从而在职业活动中发挥更大的工作积极性和创造性。

尽忠职守就是忠实地履行职业职责。职业职责是人们在职业活动中所承担的责任，是人们应该做好的工作和应该承担的义务。职业职责是由社会分工所决定的，并往往通过行政的甚至法律的方式加以确定和维护。严重的失职行为不仅要受到行政处分，甚至要追究法律责任。

热爱本职，尽忠职守也是职业道德问题，它和职业责任感密切相关。从某种意义上说，职业责任感的高低是衡量一个人社会主义觉悟和职业道德品质的重要尺度，较高的职业责任感是保证各项职责顺利履行的必要条件，也是社会主义职业道德教育的重要任务。职业责任有三个显著的特征。

（1）明确的规定性。凡是社会发展所需要的职业，必然客观地形成自己的职责范围和特殊的任务，并为其他职业所不能代替。

（2）与物质利益的密切相关性。我国当前普遍推行各种形式的经济责任制，就是为了更好地把经济责任和经济利益结合起来，推动人们更好地承担职业责任。

（3）法定的强制性。各行各业是整个社会运转机器中的一个环节，为了维系社会运转机器正常而协调的运转，必须要有强有力的手段来保证职业责任的履行，以此推动整个社会健康、协调的发展。

城市公共交通驾驶员要明确自己的职业责任，认识驾驶员工作的社会意义，树立职业荣誉感和责任感。以主人翁的态度来对待本职工作，鄙弃斤斤计较的利己主义和“按酬付劳”的雇佣观点，以“小我”服从“大我”，以个人利益服从集体利益、社会利益，为公共交通事业做出自己的贡献。

（二）安全驾驶，优质服务

“保证乘客乘行安全”是城市公共交通驾驶员落实行业的基本任务，也是驾驶员职业道德的起码要求。城市公共交通驾驶员所担负的是人员的运送，所以驾驶员责任重大，不仅要保证车外的安全，还要确保车内的安全，“安全行车”是城市公共交通驾驶员首要的职责。

（1）牢固树立“安全第一、预防为主”观念是安全驾驶的前提。“安全第一”就是重视安全，把安全放在首要的位置。驾驶员在任何情况下行驶都要保持清醒的头脑，对可能出现的影响行车安全的情况有充分的估计、正确的判断，随时采取相应的措施。在行驶过程中“宁可一万个小心，不可一秒钟疏忽”，警钟长鸣，有备无患。

（2）严格遵守交通法规、认真执行操作规程是安全驾驶的保证。在行车过程中并不是驾驶员的每一起违章、违纪、违操都发生交通事故，但每一起交通事故都是违章、违纪、违操造成的。

（3）“礼貌行车、文明驾驶”是城市公共交通驾驶员优质服务的体现。驾驶员在行车驾驶过程中不能开“霸王车”“野蛮车”“赌气车”，“礼让三先，得理让人”；进站不拦机动车，出站不抢直行道，“宁停三分，不抢一秒”；为了确保人民生命财产的安全，宁可有理让无理；为了优质服务、安全驾驶，绝不无理对无理。

（三）遵章守纪，准点运行

城市公共交通驾驶员要严格遵守各种法纪法规和章程、制度，要把强制执行转变为自觉的道德行为，做遵纪守法的模范。城市公共交通企业的规章制度和纪律都是从企业经营服务方针和工作特点出发的，对公共交通的营运服务起着保障作用，因此，驾驶员在行车驾驶城市公共交通运营管理实务中，无论有无检查、有无民警，无论白天还是黑夜，都必须遵章守纪。否则，安全驾驶难以保证，营运秩序难以正常，基本任务难以实现。另外，遵章守纪，贵在自觉，遵章守纪也不是权宜之计，要持之以恒。

准点行车是城市公共交通驾驶员职业道德的一个特定要求，也是城市公共交通驾驶员的一个重要职责。准点行车能保证线路营运正常，对全面发挥公共交通服务效能具有重要的意义。准点行车是公交优质服务的要求之一，也是社会衡量城市公共交通企业服务成效的标准之一。

（四）仪表端庄，车容整洁

端庄的仪表、整洁的车容是城市公共交通驾驶员良好职业道德修养的反映，同时也对城市公共交通营运安全和文明服务起到了保障作用。

驾驶员仪表是个广义的概念，它包括驾驶员工作时的衣着服饰、驾驶姿势和精神状态。端庄的仪表会给乘客带来安全感和信任感；驾驶姿势和精神状态虽然是乘客对驾驶员的外观审视，但在一定程度上也给乘客带来心理上的满足，这与公共交通服务乘客、满足乘客需求的宗旨是一致的。

整洁的车容有利于改变市容环境卫生和经营服务面貌。人们常把车辆比作“城市流动的街景”，这在很大程度上显示了城市公共交通的车容对城市风貌的影响。车辆的整洁包括车身、车内、座位、轮胎、车牌等的清洁；还包括挡风玻璃干净，车厢内无杂物、无异味等。

（五）钻研技术，爱护车辆

城市公共交通的职业道德要求驾驶员全心全意为乘客服务。然而，驾驶员仅有为乘客服务的良好愿望和热情的工作态度是不够的，还要掌握过硬的驾驶技术和与服务工作相关的各种业务知识，同时，必须始终保持营运车辆性能和技术状态的良好。因此，驾驶员要不断提高技能，钻研技术，精心保养车辆。

（1）勤奋学习，熟悉业务；刻苦钻研，掌握技术。公交车辆的驾驶是一项技术性较强的工作，在营运过程中，要想安全、迅速、方便、准点、舒适地将乘客运送到目的地，没有熟练的驾驶操作技术、没有一定的车辆保养和维修排故技术是不行的。驾驶员过硬的驾驶技术、维修保养技术不是一蹴而就的，驾驶员要精通有关业务知识也并非易举，需要经过刻苦的钻研、勤奋的学习。

（2）掌握熟练的驾驶技术，提高应变能力，有效防止事故发生。城市公共交通驾驶员的工作主要是以提供运载空间的形式为乘客服务。“安全行车”是驾驶员首要的职责，但不能由此产生一个错觉，驾驶员只要开好车不出事故就行了。安全固然第一，但这不是唯一，保证行车安全也是为了更好地为乘客服务。驾驶员在行驶过程中首先要让乘客乘上车，能乘上车是城乡居民对公共交通的基本要求；其次要让乘客乘好车，乘好车主要体现在保持行车平稳，做到起步不急、动作柔和，进站缓行、制动不冲，转弯减速、换挡轻准，提速均匀、降速平滑，平稳轻快、安全舒适；最后，公交驾驶员要在条件许可、安全保证的前提下，为乘客提供各种方便。

（3）精心养护，做好例保；爱护车辆，发挥效能。运行的车辆要保持车况良好、技术状态良好，平时的养护不可少。驾驶员要以负责的态度认真做好例行保养工作。车辆和人一样，有些“病”具有一定的潜伏期，非到一定程度不易察觉。稍不注意就可能引起技术状态恶化，轻者抛锚影响营运，重者危及乘客和驾驶员自身的安全。爱护车辆是行车安全的需要，也是为乘客提供优质服务的需要，还是爱护公物道德观念在驾驶员职业活动中的体现。每一个公交驾驶员都应以主人翁的姿态爱护车辆，使之在营运过程中发挥更大的效能。

四、乘务员 / 站务员职业道德

乘务员职业道德是以社会主义城市公共交通职业道德准则为指导，结合公共交通乘务员岗位工作特点，继承和发扬公共交通职工优良的道德传统，在乘务员工作实践中逐步形成和发展起来的，是公共交通乘务员职业活动中从思想到行为都必须遵循的准则和规范。它的主要内容包括以下几个方面：

（一）热爱本职，忠于职守

热爱本职就是要热爱所从事的工作岗位，树立职业荣誉感；忠于职守就是忠实地履行职业职责。它们是城市公共交通乘务员应有的美德，也是职业道德的基本要求。城市公共交通以营运服务为中心，要求乘务员把社会服务效益放在第一位，热爱自己的职业，忠于职守，做好本职工作。

（1）充分认识服务工作的重要意义。城市公共交通是社会生产和人民生活不可缺少的服务行业。乘务员是营运服务过程中的主要服务人员，其工作形式是通过车厢服务满足乘客的出行需求。乘务员的工作体现了公共交通营运服务过程与生产过程的统一，社会效益与经济效益的统一。尽管乘务员工作是非常平凡的，但社会的建设和发展一刻也离不开它。

（2）树立主人翁的责任感。城市公共交通行业的服务对象是乘客，其特定的社会职业性质决定了乘务员与乘客之间是服务与被服务的关系，即乘务员的主要职责是为乘客提供服务。随着客运市场竞争的日益激烈，服务与被服务的观念日益得到强化，这决定了乘务员的言行要服从乘客的利益，乘务员要尽可能满足乘客乘行的各种需求，正确处理好与乘客的关系，坚持做好本职工作。这既是公共交通行业在客运市场竞争中取得优势的基础，也是乘务员热爱本职、忠于职守的道德品质的体现。

（二）文明礼貌，乘客至上

文明礼貌是处理人与人之间关系的一种社会美德，其核心是对他人的关心和尊重。对乘务员来说，以文明礼貌的态度、方便周到的服务，热情接待好每一位乘客，是职业道德的一个中心内容。

（1）文明礼貌，尊重乘客。车厢是社会的缩影。乘务员每天要同各种类型的人打交道，因此，文明礼貌对售票员来说就显得尤为重要。因为文明礼貌不仅表示对服务对象的尊重，也表明对自己工作的重视和对自己的自信、自重。在服务中，乘务员要自尊自爱，自信自强，不失分寸，同时也要谦虚和蔼，热情有礼。尊重乘客，服务至上，不论国籍、民族、人种、身份、贫富等都应最大限度地满足他们正当的服务需求。

（2）注重安全，热情服务。人们以公共交通为代步工具，希望能及时乘上车，安全、迅速地到达目的地，这是乘客的基本出行需要。乘务员必须把满足乘客的第一需求作为自己服务工作的一个重要内容。在工作时，乘务员要牢牢树立安全意识，时刻关心乘客的乘车安全，开、关门时提醒乘客注意安全；车辆行驶途中，要提醒乘客坐好或站好并拉好扶手，头和手不要伸出窗外，预防乘行中因各种原因造成的跌伤、压伤、扶伤等事故；对老弱病残孕及怀抱婴儿等特殊乘客，更应加倍体贴照顾，及时落实好座位，热情周到地为他们服务。

（三）遵章守纪，顾全大局

乘务员必须以高尚的职业道德品质来指导自己的行为，自觉遵守职业纪律、营运纪律和其他规章制度，这是乘务员职业道德的一项重要内容。

为保证正常的营运生产秩序，乘务员要有很强的时间观念，不能迟到、早退或中途擅离职守，必须听从现场调度员的指令，不在营运中与驾驶员一起私自拉站、掉头。这既是遵章守纪的要求，也是顾全大局、提高营运效率的需求。

（四）仪表端庄，车容整洁

乘务员的仪表犹如企业的一面“镜子”，直接反映出这个企业的精神面貌，直接影响着企业的形象。因此，整洁、大方、典雅的仪表、仪容是乘务员良好气质的重要反映。此外，公交驾驶员应衣着整洁，仪表端庄，禁止打赤膊、穿拖鞋或高跟鞋上岗。

持证上岗并按规定放置；坚持讲普通话，统一使用服务用语，讲究语言艺术，做到吐字清楚、语言准确；使用十字文明用语，即“请”“您好”“谢谢”“再见”“对不起”。禁止使用“快点”“不知道”等不文明用语。

乘客对公共交通服务的感受还有赖于公共交通车辆服务设施的完好与否，车厢内外环境卫生整洁与否。因此，乘务员在工作中要特别注意保持路牌的齐全，车窗玻璃、拉手、车厢座位和扶手杆的完好。因为这些设施的损坏都会导致乘客的不便，甚至有可能会给乘客带来一定的损失。

此外，乘务员还应注意保持车厢内外的环境卫生，做到窗明、座净、地板清洁，车身无积垢、污泥。

（五）钻研业务，讲究艺术

随着社会的进步，一个优秀的乘务员除了全心全意为乘客提供服务外，还必须具有丰富的业务知识和熟练的服务技能、技巧以及一定的文化素养。因此，城市公共交通乘务员必须钻研业务知识，讲究服务艺术，这是职业道德中不可缺少的重要内容。

乘务员为圆满地解答乘客的询问，需要熟悉城市的交通地理；为保障乘客的乘行安全，要了解交通规则等有关规定；要维护好车辆秩序、正确处理好车厢内可能发生的各种情况，需要具备一定的治安、法律知识和一定的调解能力；在与各种类型的乘客沟通时，为了达到有效服务，需具备一定的外语、方言、哑语等会话能力。因此，一个具有良好职业道德素养的乘务员，需要发扬勤奋学习、刻苦钻研的精神，掌握过硬的服务本领。

讲究服务艺术指的是在乘务活动中，为满足服务对象某种特殊需要所运用的服务方法。要求乘务员及时准确地掌握乘客的心理，只有掌握了乘客的心理活动规律，及时了解乘客有些什么乘车要求，才能有的放矢，因势利导地做好服务工作。此外，还要讲究一些语言技巧，婉转的语言会软化僵局，避免纠纷；幽默的语言能增强效果，乐于被人接受。

（六）团结协作，密切配合

“团结协作，密切配合”是根据城市公共交通行业的特点，结合乘务员的工作特性提出的道德规范。它是集体主义原则在乘务员职业道德中的具体体现。“团结协作，密切配合”是搞好行车服务、提高营运效率、维护营运秩序、提升营运服务质量的重要保证，也是衡量公共交通乘务员职业道德品质优劣的一个标志。

乘务员必须与驾驶员做好协作配合工作，这是保证行车安全、提高服务效益的关键。有句话叫“协作出效益”，说的就是这个道理。自觉地做好与同车驾驶员的协作配合工作，摆正个人、集体、国家三者的关系，自觉地以个人利益服从集体利益、局部利益服从全局利益、眼前利益服从长远利益。此外，还必须加强与行车管理人员、调度员、机械修理员等有关人员的团结互助，大家拧成一股劲儿，这样企业的营运服务效益才能不断加强。

五、管理人员的职业道德

城市公共交通管理人员在城市公共交通企业员工中占了较大的比重，包括各级任职的领导干部和各级各部门各岗位负有一定责任的一般干部。管理人员的主要职责是制订企业内部政策、制度，并且对企业的经营、管理做出决策；制订计划、措施，负责实施，进行监督、检查、指导、协调。此外，管理人员都负有较重要的责任，有的还掌握人、财、物等一定权力。因此，管理人员，特别是其中的领导干部的素质高低决定企业的经营成败，同样其职业道德素质也对企业职业道德建设具有重要影响。限于篇幅，这里只介绍管理人员应当共同遵守的职业道德。

（一）热爱本职，忠于职守

“热爱本职，忠于职守”是城市公共交通企业员工应当共同遵守的基本职业道德，管理人员也应该自觉遵守，并以自身热爱城市公共交通事业、爱企业、爱本职、恪尽职守的实际行动，感染、教育、引导职工，不断增强他们的职业荣誉感和责任感，为企业的改革发展做出应有的贡献。

（二）服务乘客，关心职工

“服务乘客，关心职工”是管理人员职业道德的主要内容，它从两个侧面反映出管理人员职业道德的核心，即“一心为乘客”。从分工上看，管理人员一般不会上车直接为乘客服务，但职业道德要求管理人员履行职责，要起到促进运营一线员工为乘客提供满意服务的作用。

“服务乘客”要求做到“乘客至上”。城市公共交通企业是服务行业，其服务对象是社会各界乘客，企业的性质要求管理人员在实际工作中必须坚持“乘客至上”的原则。也就是说，城市公共交通一切工作的立足点都要放到千方百计满足乘客出行的需求上。具体来说，就是要坚持“方便出行，改善服务”的工作方针。比如，每年在制订开调延线、设站、延时、运力配备等运营工作计划时，就要认真调研，倾听群众的呼声，把群众反映的比较集中的出行、候车、换乘不便，公交又有能力解决的问题作为工作重点。在制订服务工作计划时，要认真分析乘客的投诉，把群众反映比较强烈的“常见病”作为治理重点，不断改善服务质量，提高群众的满意率。“乘客至上”的原则要求保修二线和后勤三线的管理人员在实际工作中，要坚持“为运营一线服务就是为乘客服务”“一线的需求就是乘客的需求”，从而在车辆技术、设施、保修、后勤服务等方面为运营一线提供支持和保障。

“关心职工”是管理人员职业道德的内容之一，也是管理人员的基本职责之一。“关心职工”首先要做到从政治思想上关心职工，对职工政治上的进步要求予以重视、支持，并积极创造条件，及时解决他们思想上、认识上的问题；其次要做到从工作上关心职工，对职工提高文化、业务、技能水平等方面的要求，要从实际出发，积极创造条件予以支持，并千方百计改善其工作环境和条件。最后要做到从生活上关心职工，尽可能地解决职工在劳保、医疗、就餐、住房、家庭生活等方面的实际困难，解除他们的后顾之忧，使他们安心工作，并注意改善职工的文化娱乐生活，使职工能在身心两个方面健康成长。

（三）注重效率，提高质量

“注重效率，提高质量”是管理人员应该具备的基本职业道德素质，也是其职责特点所要求的职业道德的基本内容。管理人员承担的工作直接涉及企业和职工的利益，其工作效率和质量关系到企业生产和经营的正常进行，关系到企业的形象和信誉。每名企业管理人员都要注重工作效率，讲求工作质量。

“注重效率，提高质量”要求管理人员必须增强职业责任感，对所承担的工作极其负责。增强职业责任感首先要求管理人员忠实履行本岗位职责，杜绝失职现象的发生；其次要求管理人员要当好领导者、决策者，对生产经营中可能发生的问题提出预见性的意见和措施，防患于未然，确保企业运营生产的正常进行。

“注重效率，提高质量”要求管理人员要进一步增强群众观念。每名企业管理人员要牢固树立“管理就是服务”的思想，属于“分内”的工作要尽心竭力去办；属于“分外”的工作，也要与其他工作人员积极配合，通力合作。

（四）深入调研，精通业务

“深入调研，精通业务”既是城市公共交通管理人员的基本素质，也是其职业道德的基本内容。

“深入调研”对城市公共交通企业管理人员而言是基本功。城市公共交通是服务性行业，城市公共交通工作的基本点应该围绕服务对象转，哪里有客流，乘客有什么样的要求和意见，这些都需要深入地进行调查研究，在此基础上指导、改进运营服务质量。“深入调研”也要求管理人员转变工作作风，深入基层，了解掌握基层工作的实际情况和困难，现场办公、指导协调、解决问题，为基层开展工作千方百计创造条件，同时认真听取基层单位的意见和建议，不断提高管理质量。

“精通业务”是对城市公共交通企业管理人员的要求。首先要求城市公共交通企业管理人员做到熟悉国家、政府颁布的与本职工作有关的法律、法令、法规及政策；其次要求城市公共交通企业管理人员做到掌握企业和专业相关的管理制度、规章和业务知识，争取做到一专多能；最后是要求城市公共交通企业管理人员做到提高文化素质，适应管理工作的需要。管理人员的基本职责是安排、实施、检查、指导、汇报、总结工作，这些工作环节离不开“说”和“写”，而“说”和“写”是要一定的文化水平做基础的。

（五）坚持原则，团结协作

“坚持原则，团结协作”是由城市公共交通企业管理人员的岗位特点所决定的，是管理人员职业道德在政治方面的准则。

“坚持原则”是对城市公共交通企业管理人员的政治要求。城市公共交通行业的性质是社会主义性质，企业的经营宗旨是为人民服务。首先，“坚持原则”要求城市公共交通企业管理人员要坚持企业的社会主义性质和方向，而不能见利忘义、损公肥私，这是任何时候都不能动摇的；其次，“坚持原则”要求城市公共交通企业管理人员在实际工作中做到“一碗水端平”，办事公道，不能有偏有向，感情用事，挫伤职工的积极性。这些绝不能单纯归结为工作方法，更重要的是反映了城市公共交通企业管理人员的基本政治素质。

“团结协作”是城市公共交通企业管理人员职业特点所决定的职业道德基本内容。城市公共交通企业管理人员在履行职责时必然要与上下左右的员工发生各种联系，因此部门与部门、单位与单位、个人与个人之间的相互理解配合和支持是非常重要的，它有利于企业整体工作目标的圆满实现，有利于工作效率和质量的提高。作为城市公共交通企业的管理人员，首先要树立“大服务”“一盘棋”的思想；其次在实际工作中要注意克服“小团体”“小山头”的思想，杜绝推诿、扯皮现象，做到分工不分家，坚持个人、部门、单位服从整体的原则。

（六）遵章守纪，廉洁自律

“遵章守纪，廉洁自律”也是城市公共交通企业管理人员的基本政治素质，是其职业特点决定的职业道德的重要内容。

“遵章守纪”与“廉洁自律”两者的关系是辩证统一的，前者是前提，后者是结果。作为城市公共交通企业的管理人员，要明确认识两者之间的关系，遵守国家的法律、法令、法规、政策和企业内部的规章制度、纪律守则，只要做到了这一点，“清正廉洁”的形象自然能树立起来。城市公共交通企业管理人员要做到“清正廉洁”，还要正确认识和运用手中的权力。城市公共交通企业管理人员要做到“清正廉洁”，还必须不断克服各种消极因素的影响，牢固树立起“拒腐蚀，永不沾”的思想。在当今社会条件下谁也不可能生活在真空里，每一个人，特别是担负重要职务的领导干部，面临的诱惑和考验很多，作为城市公共交通企业的管理人员，要自觉抵制诱惑、经受考验，必须做到“自重、自省、自警、自励”。

第四章　城市公共交通运营管理

第一节　城市公共交通规划与建设

城市公共交通规划是根据城市社会经济发展、用地布局和道路网布局等，并参考其他相关规划，确定不同类型公共交通方式的适用条件、功能定位、服务对象和服务水平，统筹安排各层次、各类型城市公共交通方式在城市空间的布局和合理衔接。城市公共交通规划是保障城市公共交通科学发展的重要前提，城市公共交通规划对于优化城市公共交通系统的结构与功能，提高城市公共交通系统效率，促进城市土地利用与交通的协调发展，整合城市功能，提升城市品位和整体形象具有重要意义。城市公共交通规划的重要性将随着城市扩建、扩张和城市化率提高而更加明显。

一、城市公共交通规划的定位与内容

（一）功能定位

我国现行的城市公共交通规划编制体系大致分为三个层次：

（1）城市总体规划——总体规划纲要、总体规划、分区规划、专项规划。

（2）控制性详细规划——控制性、修建性详细规划。

（3）城镇体系规划——全国、省（自治区、直辖市）、跨行政区域、市域、县域五个类型。

对于城市公共交通规划而言，只有城市总体规划和控制性详细规划与之关系最为密切，而城镇体系规划与之相关性较小。因此下面重点针对城市公共交通规划进行分析。

（1）城市总体规划。城市总体规划是对城市未来的一种安排和谋划，具有较强的综合性、政策性与前瞻性，是城市建设与发展的“龙头”。城市总体规

划是对一定时期内城市的经济和社会发展、土地利用、空间布局以及各项建设的综合部署、具体安排和实施管理。城市规划按照运作次序分为规划编制与规划实施。根据《中华人民共和国城乡规划法》[①]，城市总体规划、镇总体规划的内容应当包括：城市、镇的发展布局，功能分区，用地布局，综合交通体系，禁止、限制和适宜建设的地域范围，各类专项规划等。城市总体规划包含城市综合交通规划和城市公共交通规划。

（2）控制性详细规划。控制性详细规划是依据城市总体规划划定的交通分区及相关的控制引导要求，在贯彻总体规划的前提下，按照公共交通优先的原则，细化、深化相关指标，并进一步落实至具体地块的控制指标中。控制性详细规划确定规划范围内不同性质用地的界限、各类用地内适建和不适建或者有条件允许建设的建筑类型、建筑高度、建筑密度、容积率和绿地率等控制指标。规划主管部门在组织编制控制性详细规划时，应与城市公共交通规划相衔接，并优先保障城市公共交通设施用地。在控制性详细规划中，对公共交通走廊、枢纽及周边布局等需要特别明确公共交通基础设施的配置标准和配置要求，划定公共交通设施的用地界线。

（3）城市公共交通规划。城市公共交通规划主要确定城市综合交通发展战略、主要交通方式和设施的布局规模、不同交通系统之间的衔接原则，支撑城市科学、可持续发展，实现城市交通与土地、经济的协调，构建高效、通达、安全的交通发展环境，体现交通系统促进和引导城市发展、协调长远发展和近期建设之间的关系，并在资源约束条件下，突出建设集约化城市和节约型社会的指导思想。

城市公共交通规划的基本内容主要有城市公共交通系统构成和客运系统总体布局框架，统筹规划公共交通系统设施安排和网络布局，具体包括以下内容：

①确定城市轨道交通网络和车辆基地的布局原则及控制要求。

②确定快速公交（BRT）[②]网络，提出线位控制原则及控制要求，以及停车场、保养场规划布局和用地规模控制标准。

③确定公共汽（电）车停车场、保养场规划布局和用地控制规模标准，进出首末站规划布局原则。

④确定公交专用道设置原则和技术要求，规划公交专用道网络布局方案，提出港湾式公共交通站点的设置原则和规划建议。

---

① 《中华人民共和国城乡规划法》是为了加强城乡规划管理，协调城乡空间布局，改善人居环境，促进城乡经济社会全面协调可持续发展而制定的法律。

② 快速公交系统（BRT）是一种介于快速轨道交通与常规公交之间的新型公共客运系统，其投资及运营成本比轨道交通低，而运营效果接近于轨道交通。

城市公共交通规划作为城市规划和城市综合交通规划的重要组成部分，不仅是解决交通拥堵、能源浪费、环境污染等交通问题的一种行之有效的手段，而且可以引导城市的健康发展，对新城的健康发展更为重要。

城市公共交通规划应该与土地利用规划、城市规划等同时同步进行，在明确城市发展方向、用地规模与用地布局的基础上，科学安排城市重大交通基础设施布局，使交通网络与城市相关功能相吻合，从而对缓解城市交通问题起到积极的作用。

城市总体规划、详细规划和其他相关规划（例如土地利用规划等），是城市公共交通规划编制的依据。为了保障城市公共交通优先的适应性，城市总体规划在提出城市发展控制及引导要求时，应围绕公共交通优先发展，统筹城市空间发展，并指导下层次规划的编制，建立以公共交通为导向的城市开发模式，以城市发展目标为导向的城市交通发展战略，以发展公共交通与城市土地使用协调为核心，辅以交通需求管理，同时优化城市道路建设。

城市公共交通各相关规划之间又是相互协调、互为支撑的关系，应作为一个整体来研究和运作，城市公共交通规划对城市总体规划、城市综合交通规划等上位规划方案适时提出反馈和修正，并建立有效的反馈机制，各层次的公共交通规划应与相应层次的城市总体规划、城市综合交通规划同步编制。

（二）城市公共交通规划的内容

城市公共交通规划包括以下几项内容：

（1）规划总论。规划总论一般包括规划背景、规划依据、规划范围、规划年限、指导思想与原则、规划目标与规划内容、规划技术路线等。

（2）调研分析。对规划对象区域的公共交通现状、需求特性及其相关联设施、公共交通流量等进行调查，是制订科学合理的交通规划的基本前提和极其重要的环节，调研分析包括基础资料调研和公共交通调查。

①城市公共交通系统调查的基础资料包括社会经济和土地利用基础资料。

②公共交通调查主要包括城市居民出行 OD 调查、城市流动人口出行 OD 调查、城市公共交通现状调查、城市机动车出行 OD 调查、城市道路交通流量调查、道路交通设施调查等。

（3）发展现状分析与评价。公共交通发展现状分析应包括以下几个方面：公共交通运营分析、公共交通系统服务水平分析、公共交通线网及线路分析、主要交通枢纽情况分析、公共交通设施分析、公共交通企业运营分析和交通安全与环境分析等。

（4）发展战略与政策。根据城市社会经济发展和城市发展目标分析城市公共交通系统发展方向，预测城市公共交通系统发展趋势与需求，优化选择城市公共交通发展模式，确定交通发展与土地使用的关系，制订公共交通系统发展目标及预期的交通方式结构，提出交通发展战略和政策。

（5）发展需求分析。公共交通发展需求分析包括社会经济需求预测分析、道路交通需求预测分析、公共交通需求预测分析。

（6）规划内容。城市公共交通规划主要包括城市公共交通方式的构成比例和规模、公共交通线网布局规划、公共交通枢纽、场站及配套设施规划、公共交通车辆及配套设施规划、城乡客运一体化规划、信息化规划和公共交通发展政策保障体系等各项子规划之间相互衔接和影响，形成一个有机的规划体系（见图 4–1）。

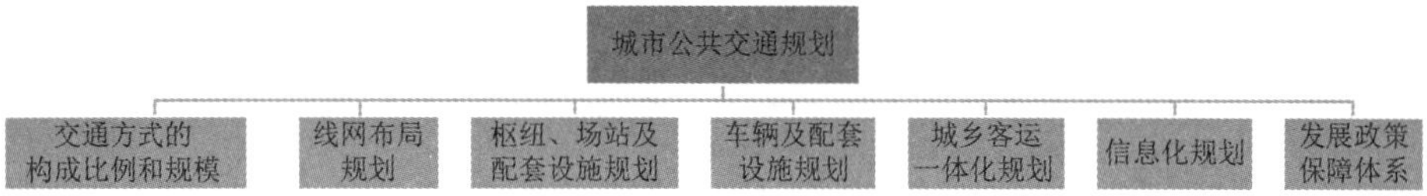

图 4–1　城市公共交通规划的主要内容

（7）运营管理。城市公共交通运营管理分为线网布设和运能运营管理、车辆调度运营管理、车辆运行运营管理、技术运营管理、服务运营管理、票务运营管理。

（8）规划保障系统。城市公共交通规划保障系统主要从政策、组织机构、管理、资金、技术等方面提出保障措施。

（三）城市公共交通规划流程

（1）前期准备。

①研究确定编制城市公共交通规划的依据和规划组织系统。

②拟定规划编制的技术路线和工作大纲。

③提出规划的重点研究内容。

④制订规划工作计划。

（2）现状调研与分析。

①通过多种方式收集城市经济社会发展的现状和规划的资料。

②走访相关部门，听取规划设想和建议。

③根据规划需要，开展相应的交通调查，并进行分析。

④分析城市发展中存在的主要交通问题，尤其是与公共交通相关的问题。

⑤对影响城市公共交通发展的重大技术和政策问题进行研究，一般应包括城市公共交通发展趋势、城市公共交通发展战略与政策、重大交通基础设施布局、城市公共交通系统组织等。

⑥论证城市公共交通系统发展的趋势和需求。

⑦提出城市公共交通系统发展战略，确定城市公共交通系统总体发展目标和规划目标。

（3）规划成果编制。

①与城市总体规划和综合交通规划成果阶段用地布局相结合，确定城市交通设施布局方案，应包括城市公共交通线路、公共交通场站和首末站、交通换乘枢纽等内容。

②提出对城市公共交通规划的指导意见和要求。

③提出城市公共交通规划建设的策略与建议。

二、城市常规公共交通场站规划

公共交通场站通常分为两类：一类是担负公共交通线路营运调度和换乘的各种车站，包括公共交通首末站、枢纽站、中途停靠站；另一类是担负公共交通线路分区、分类运营管理和车辆维修的公共交通综合车场。公共交通综合车场通常设置为综合性管理、车辆保养和停放的中心停车场，也有专门为车辆保养设保养场和专为车辆大修设修理厂。各个层次场站的功能及规划原则如下：

（一）首末站

首末站是指公共交通车辆需在首末站进行掉头，部分车辆需暂时停放、加水清洁、保养及小修工作以及公共交通车辆的夜存放，首末站要占用较大的场地，每处用地面积 1000~1400m^2 是营运的最低要求，一般布置在城市道路外的用地上或大型停车场内。

（1）功能。公共交通首末站即每条公共交通线路的起点和终点站。末站是仅用于公共汽车掉头的终点服务站，首站则要提供公共汽车掉头、停放、上客以及乘客候车等多种设施。

（2）规划原则。公共交通首末站的设置应与城市道路网的建设及发展相协调，宜选择在紧靠客流集散点、周围有空地、道路使用面积较宽裕、人口较集中的居住区、商业区或中心附近，使一般乘客都在以该站为中心的 350m 半径范围内，最远在 700~800m 半径范围内。

大型首末站多沿重要主干道一侧附近布设，出入口应分开设置，不同流向多线路集中的大型首末站，还宜将通向近、远郊的停车坪候车廊予以分开并各有其出入通道，同时辅以导引标志，以免复杂的人流、车流交叉干扰。平面交叉口附近不宜设置首末站。

公共交通首末站的设施与用地规模应根据营运线路数、配车数、高峰发车频率、候车乘客数量以及车站等级来确定。首末站的规模按该线路所配营运车辆总数来确定。一般配车总数（折算为标准车）大于 50 辆的为大型站，26~50 辆的为中型站，等于或小于 25 辆的为小型站。首末站通常由停车坪、会车道（兼站内行车道）、生产调度及生活性建筑、候车廊、简单维修位及绿地等组成。

根据《城市公共交通站、场、厂设计规范》[①]，公共交通首末站必须建停车坪。在不做夜间停车的情况下，首站停车坪用地面积应不小于该线路营运车辆全部车位面积的 60%，末站停车坪大小应按营运车辆用地面积的 10% 计。

（二）枢纽站

枢纽站是指在城市居民大量集散地，常有几条公共交通线路经过，上下车和换车的乘客多，各条线路的站点比较集中，这种站点称为枢纽站。枢纽站的布置应注意旅客、行人和车辆的安全，尽可能使换车乘客不穿越行车道且步行距离最短。

（1）功能。城市公共交通客运系统的服务目标是力求为尽可能多的乘客提供直达、便捷的乘车条件。但是即使是最严谨的车次安排和线路规划，也无法避免部分乘客必须换乘的情况。公共交通枢纽站就是为公交线路之间、公共交通与其他交通方式之间客流转换衔接而设置的综合性客运服务设施。

衔接城市对外交通与市内交通间的客运枢纽，是实现交通方式转换、交通性质改变的场所，通过客运枢纽的合理布设，可节省乘客进出城时间，保证交通持续；便捷地连接城市各功能分区的客运枢纽，可合理地组织城市交通，均衡客流分布。

将各种公共交通线路相衔接的城市综合客运交通枢纽，既有利于公共交通线路优化调整、增加公共交通运营线路的应变能力、提高公共交通运用效率，更可以方便乘客换乘，减少换乘次数，缩短出行时间，从而提高公共交通的竞争力，吸引客流，对充分发挥各种交通方式的优点、改善城市客运交通结构有重要的指导作用。

（2）规划原则。公共交通换乘枢纽规划应以尽量减少换乘给乘客带来的不便为前提，设置在乘客目的地或出发地集中的交通网络节点上，并且只要公交网络结构和场所允许，应该将尽量多的公共交通线路集中在少数的换乘站，以减少乘客的换乘次数。

---

① 《城市公共交通站、场、厂设计规范》由武汉市公用事业研究所编著，1988 年 10 月由中国建筑工业出版社出版。

客运换乘枢纽一般设置在城市对外客运交通枢纽、轨道交通线路中心站点、市区主要公共交通线路中心站点及市区与市郊公共交通线路交汇换乘站点。从客流性质上分，公共交通枢纽通常包括对外交通枢纽和市内交通枢纽两种。

对外交通换乘枢纽是市内公共交通与市际交通的联系点。它往往是一个城市十分重要的客流集散地，每天集散着大量的人流和车流。这类交通枢纽在城市中的位置相对比较确定，通常设置在铁路客运站、长途汽车站、轮渡港口、航空港口和城市出入口道路处。

市内交通枢纽一般是城市区域内的客流集散点，主要是公共交通之间或公共交通与其他交通方式之间的转换场所，如常规公共交通与快速轨道交通、自行车的换乘枢纽，多条公共交通线路汇聚的交点等。

市区、郊区公共交通线路和对外交通相互衔接的大型换乘枢纽站，大中城市宜分散设置在市中心区的边缘，小城市宜集中设置在市中心区或人流集散较多的地方。在大城市的大型交通枢纽之间，宜用快速交通工具直接相连，并在枢纽站上组织各种换乘的交通线路和交通工具。

另外，通常三条以上公共交通线路共用的首末站或者与其他交通方式换乘的首末站应设成公共交通枢纽站。城市中客流较多的地方常有若干公共交通线路通过，这些交通集散点上换乘的乘客多，为满足高峰小时客运负荷的短暂需要，也应设公共交通枢纽站，并停备一些车辆。

枢纽站一般布设在干道一侧或另辟专用场地。同首末站一样，枢纽站夜间可停放 60% 的营运车辆，同样还需配备调度办公等设施用地。

（三）公共交通中途停靠站

（1）功能。中途停靠站是为公共交通线路沿途所经过的各主要客流集散点服务的设施。中途停靠站有港湾式停靠站和一般路边停靠站两种。

①港湾式停靠站。主要交通性干道、城市快速及郊区的双车道公路上，要求建港湾式停靠站，以减少对动态交通的影响。

②一般停靠站。一般停靠站选址应充分考虑乘客上下车和换乘方便，选择在客流集散点附近。

（2）规划原则。公共交通的中途停靠站规划在公交车辆的起、终点及线路走向确定以后进行，规划时应遵循以下原则：

①中途停靠站应设置在公共交通线路沿途所经过的各主要客流集散点上。

②中途停靠站应沿街布置，站址宜选择在能按要求完成车辆的“停”和“行”两项任务的地方。

③交叉口附近设置中途停靠站时，一般设在过交叉口 50m 以外处；在大城市车辆较多的主干道上，宜设在 100m 以外处。

④中途停靠站的站距受到乘客出行需求、公共交通车辆的运营管理、道路系统、交叉口间距和安全等多种因素的影响，应合理选择。

平均站距在 500~600m，市中心区站距宜选择下限值，城市边缘地区和郊区的站距宜选择上限值。百万人口以上的特大城市，站距可大于上限值。

公共交通中途停靠站的站距受交叉口间距和沿线客流集散点分布的影响，在整条线路上是不等的。市中心区客流密集、乘客乘距短，上下站频繁，站距宜小；城市边缘区，站距可大些；郊区，乘客乘距长，站距可更大。设置公共交通停靠站的原则是方便乘客乘车，并节省乘客总的出行时间。

一般而言，较长的车站间距可提高公共交通车辆的平均运营速率，并减少乘客因停车造成的不适，但乘客从出行起点（终点）到上（下）车站的步行距离增大，并给换乘出行带来不便；站间距缩短则反之。

（四）公共交通车辆停车场

公共交通车辆停车场是用于公共交通车辆下班后停放及进行低级保养和小修的场地。

（1）功能。公共交通车辆停车场主要为线路运营车辆下班后提供合理的停放空间、场地和必要设施。

（2）规划原则。在城市总体规划中应有计划地安排停车场用地，将停车场均匀地布置在各个区域性线网的中心处，使停车场与所辖线网内各线路的距离最短，其距离一般在 1~2km 以内。停车场距所在分区保养场的距离宜在 5km，最大应不大于 10km。停车场应根据车型、车辆数、服务半径和所在地区用地条件布设，尽可能设在服务线路较多、服务车型相近的首末站群中心。从城市整体来看，停车场应分散布设于公共交通服务分区内。停车场正确选址的原则，要在车辆空驶里程最小的前提下，综合考虑以下条件：

①应远离居民生活区，避免公共汽车噪声、尾气污染对居民的直接影响。

②要避开城市主要交通干道和铁路线，避免与繁忙交通线交叉，以保证停车场出入口的顺畅。

③被选地段最好有两条以上的城市道路与其相通，保证在道路阻塞或其他意外事件发生的条件下，能使车辆进出公共交通站场和完成紧急疏散。

④被选地块的用地面积要为其后续发展留有余地，同时又不至于形成对附近街区未来发展的障碍。

另外，根据《城市道路公共交通站、场、厂工程设计规范 CJJT 15—2011》（以下简称《公共交通设计规范》），停车场的规划用地按每辆标准车用地 15m² 计算。停车场主要包括车辆的停放场地和行车通道，确定停车场用地面积的前提是要保证公共交通车辆在停放饱和的情况下，每辆车可自由出入，而不受周边所停车辆的影响。在停放场地严重不足的情况下，可采用多层停车楼，车辆沿坡道上下。

（五）公共交通车辆保养场

（1）功能。公共交通车辆保养场主要承担运营车辆的高级保养及相应的配件加工、修制和修车材料、燃料的储存、发放等任务。

（2）规划原则。公共交通车辆保养场按运营车的保有量设置：保有量在 200 辆或 200 辆以下的，建小型保养场；保有量在 300~500 辆的，建中型保养场；保有量超过 500 辆的，建保养中心。

根据《公共交通设计规范》，保养场的规划用地按所承担的保养车辆数计算，每辆标准车用地 200m²，乘以用地系数 K_y。当保养车辆数小于或等于 100 辆时，K_y 值取 1.2；当保养车辆数为 150~200 辆时，K_y 值取 1.1；当保养车辆数在 200 辆车以上时，K_y 值取 1。保养场应考虑与公共交通车辆停车场结合设置，按照高级保养相对集中，低级保养相对分散的原则进行规模配置。保养场应避免建在交通复杂的闹市区、居住小区和主道内，宜选择在交通情况简单且有两条以上比较宽敞、进出方便的次干道附近，需配有齐备的城市电源、水源和污水排放管线系统。

（六）公共交通综合车场

（1）功能。公共交通车辆停车场和保养场合并即成综合车场，提供大部分公共交通车辆夜间停放场所及营运车辆的维修保养任务及材料、燃料的储备和发放。综合车场集行政管理、停车、维修保养等功能于一体，需有较大规模和功能齐全的设施。

（2）规划原则。综合车场应尽可能靠近服务车辆的行驶路线。设置原则基本上是一个分区一个，并尽可能设在公共交通服务区域的中心地带。

（七）公共交通车辆修理厂

（1）功能。修理厂承担公共交通车辆的大、中修任务。

（2）设定原则。营运车辆在 500 辆左右时，应建具年 200 次大、中修能力的修理厂一座；营运车辆在 1000 辆左右时，应建具年 500 辆次大、中修能力的修理厂一座。

三、城市公共交通基础设施建设

基础设施是城市公共交通系统的重要组成部分，是公共交通正常运营的基本依托。城市公共交通基础设施主要包括换乘枢纽、场站、轨道、信息化系统以及各类配套服务设施等。基础设施建设管理主要包括基础设施建设程序管理、项目建设管理、项目竣工验收管理以及基础设施运营管理与维护等。从审批程序来看，城市公共交通基础设施与其他大型公共基础设施基本相同，但是由于城市公共交通具有公益性和基础性的特点，因此，使得公共交通基础设施建设管理在用地获取、资金筹措、竣工验收及运行管理与维护方面有其自身的特殊性。

四、城市公共交通基础设施建设程序

城市公共交通基础设施建设的一般程序主要包括项目立项、工程可行性研究、项目竣工验收等环节，每个环节的主要内容如下：

（1）项目立项的基本程序。

①调研、投资经济分析、项目建议书。了解项目所在地的地理环境，明确工程主体内容。进行投资经济分析，撰写项目建议书，为撰写可行性研究报告做准备。

②委托可行性研究。由甲方出具可行性研究委托书，委托设计单位进行可行性研究报告的撰写。

③可行性研究报告的审批。

④工程初步设计。由甲方出具工程初步设计委托书，委托设计单位进行初步设计。附件基本与可行性研究相同。除以上审批文件外，还有以下文件：可行性研究报告、批复文件、立项申请书、设计委托书、安全预评价报告及备案文件、环境影响报告书（表）及批复文件、职业卫生预评价报告及批复文件、有关协议文件、城市燃气企业资质证书、消防意见书、其他相关文件。

⑤规划局规划意见、土地批文。

⑥工程开工。工程开工前要有施工图设计、施工队招标、监理招标、房建许可证、设备材料的招标、开工许可证、压力管道使用许可。

⑦工程管理（由甲方监督完成）。

质量管理。施工单位应有健全的质量管理体系，包括原材料控制、工艺流程控制、施工操作控制、每道工序质量控制、各道相关工序间的交接验收、专业工种之间的中间交接质量控制、满足施工图设计和功能要求的抽样检验制度。

进度管理。根据工程项目的进度目标，编制经济合理的进度计划，并据以检查工程项目进度计划的执行情况，若发现实际执行情况与计划进度不一致，要及时分析原因，并采取必要的措施对原工程进度计划进行调整或修正。

投资管理。包括投资估算和偏差分析。投资估算是工程项目前期根据设计、市场、有关规定估算投资总额；偏差分析是通过实际完成的工程与计划相比较，分析是否存在偏差，并找出偏差原因，以合理控制投资。

（2）工程可行性研究。可行性研究是项目建设前期工作的一项重要内容，是建设程序的组成部分，是建设项目决策和编制设计任务书的科学依据。城市公共交通基础设施建设工程可行性研究的目的是对工程建设的必要性、技术可行性、经济合理性、实施可能性等方面进行综合研究，推荐最佳方案，进行投资估算并做出经济评价，为建设项目的决策和审批提供科学依据。城市公共交通基础设施建设项目的工程可行性研究一般包括下列内容：

①概述或总论。论述建设任务依据和历史发展背景、研究范围与主要内容、研究的主要结论等。

②项目的规划相关性及建设必要性。

③场址选择。分析场址现状及场址建设条件。

④建设规划方案。论述项目规划设计的指导思想、项目总体规划方案、工程方案及配套设施。

⑤环境影响评估。论述项目地块环境现状、采用的环境保护标准、项目建设与运营对环境的影响以及环境保护措施。

⑥组织机构与人力资源配置。

⑦项目实施进度。包括实施工期、实施进度安排。

⑧工程招投标。包括招标组织形式、招标方式等。

⑨投资估算及资金筹措。包括主要工程数量、工程建设与拆迁、单价拟定、投资估算及资金筹措等。

⑩社会评价。包括项目对社会的影响分析、项目对所在地的互适性分析、社会风险分析。根据上述研究结果，通过综合分析评价，提出技术先进、投资少、效益好的最优建设方案。

在公共交通基础设施的建设过程中，公共交通基础设施的交通影响评价和环境影响评价是两项重要的内容。

①公共交通基础设施交通影响评价。公共交通基础设施交通影响评价的一般程序包括概论、现状交通分析、规划条件、交通影响评价、改善措施和结论与建议六个方面。

概论主要是交通影响评价建设项目概况及交通影响评价的背景、依据和主要指标选取等。

现状交通分析主要是土地利用现状和交通系统现状。

规划条件包括土地利用规划和交通系统规划，其中交通系统规划包含路系统规划、公共交通系统规划、停车设施规划等。交通需求预测是建设项目交通量预测，应包括背景交通量和拟建项目新增交通量两方面的预测内容。

交通影响评价应对建设项目交通影响分析区域内的路网容纳能力等各类交通设施的供应与需求进行对比分析,应包括关键交叉口及路段的交通分析评价、项目与外部交通衔接分析评价、停车设施影响分析评价、行人交通设施影响分析评价、公共交通设施影响分析评价。

改善措施是依据分析评价结果，提出相应的对策和措施，一般包括分析区域交通系统改善措施和拟建项目内部交通系统改善措施。

结论与建议是对建设项目、建设规模和周边交通设施提出改善建议、内部交通改善建议以及存在的问题。

②公共交通基础设施环境影响评价。公共交通基础设施环境影响评价的一般程序包括总论、工程概况、工程分析、方案比选、建设地区环境概况、环境质量现状、施工期环境影响预测与防治措施、运营期环境影响分析与评价、运营期污染防治措施、环境风险分析、公众参与、环境管理与监测计划、评价结论 13 个阶段。

总论介绍项目背景以及环境影响评价报告编制的总体情况，如编制依据和目的、评价范围及主要评价指标选取。

工程概况介绍工程项目的总体情况及主要技术经济指标。

工程分析介绍工程实施和运行过程中产生的环境影响因素和要素识别。

方案比选主要分析不同工程方案对环境的影响程度，提出优选方案并做出环境影响评价结论。

建设地区环境概况主要分析建设地区自然环境和社会环境现状，以及城市总体规划、交通专项规划情况。

环境质量现状分析环境质量现状、监测及评价等。

施工期环境影响预测与防治措施主要分析施工期环境影响预测与防治措施。

运营期环境影响分析与评价主要分析项目运营期对环境的影响分析及评价。

运营期污染防治措施主要分析项目运营期污染防治措施。

环境风险分析主要识别环境风险等级,分析风险特征,提出减少风险的对策。

公众参与主要阐述公众参与的调查分析结果和信息公开过程。

环境管理与监测计划阐述项目实施和运行过程中为减轻或消除不利影响，应采取的环境保护管理与监测计划。

评价结论主要汇总分析以上各部分环境影响评价结论，得出总结论，并对项目实施和运行提出合理建议和要求。

（3）项目竣工验收。根据住房城乡建设部印发的《房屋建筑和市政基础设施工程竣工验收规定》（建质〔2013〕171号）的要求，建设工程竣工验收的基本程序包括以下内容。

①竣工验收组织。由建设单位负责组织实施建设工程的竣工验收工作，质量监督机构对工程竣工验收实施监督。

②验收人员选择。由建设单位负责组织竣工验收小组，验收组组长由建设单位法人代表或其委托的负责人担任。验收组副组长应至少有一名工程技术人员担任。验收组成员由建设单位上级主管部门、建设单位项目负责人、建设单位项目现场管理人员及勘察、设计、施工、监理单位与项目无直接关系的技术负责人或质量负责人组成，建设单位也可邀请有关专家参加验收小组。验收小组成员中土建及水电安装专业人员应配备齐全。

③竣工验收标准。竣工验收标准为国家的强制性标准、现行质量检验评定标准、施工验收规范、经审查通过的设计文件及有关法律、法规、规章和规范性文件规定。

④竣工验收程序及内容有以下三个方面：

一是由竣工验收小组组长主持竣工验收。

二是建设、施工、监理、设计、勘察单位分别书面汇报工程项目建设质量状况合同履约及执行国家法律、法规和工程建设强制性标准情况。

三是验收组分为三部分分别进行检查验收。

⑤竣工验收备案。建设工程竣工验收完毕以后，由建设单位负责，15天内向备案部门办理竣工验收备案。

第二节　城市公共交通运行监管

城市公共交通运行监管就是对城市公共交通运营服务过程的计划、组织、实施和控制等各项管理工作的总称。城市公共交通运营过程由城市公共交通运输企业具体组织，根据城市公共交通行业管理机构对服务规范的要求和城市公共交通客流动态变化规律对其运营过程进行组织指挥和调节，形成有序的运营服务，最大限度地从站点设置、运营时间、线路运营形式、线路车辆配置等方面来满足市民出行需求。

城市公共交通行业管理机构是公共交通运营服务的监管主体。监管内容主要有：一是企业市场准入与退出管理；二是运营服务规范执行情况与质量监管；三是运营企业经营成本监审。一套完善的政策法规是行业监管的基础，城市公共交通行业管理机构依据相关法规、规章和规定，依法行使行政许可和监管职权。通过规范化的监管，明确企业的责任和义务，维护各方权益，规范运营服务，保障城市公共交通安全运行。

一、城市公共交通运行监管的主要内容

（一）线路经营权管理

城市公共交通线路经营权管理，是指城市公共交通行业管理机构依照法定程序授予符合资格的企业经营者在规定期限内经营指定的公共汽（电）车和轨道交通线路的权利。规范的线路经营权管理制度是城市公共交通行业市场准入和公平合理配置公共资源的基本制度，是城市公共交通行业管理机构加强运营监管的重要抓手，可以促进企业不断提高服务水平。

（1）线路经营权的准入管理。

目前，我国城市公共交通运营企业取得线路经营权的方式主要有两种：一是政府直接审批授权；二是政府通过公开招标或邀标的方式授予。第一种方式对城市公共交通线路的所有权和经营权未作界定，排他性特征不明显；第二种方式明确了城市公共交通线路资源作为国有资产的属性。

城市公共交通线路的所有权和经营权可以分离，市场化运作只改变线路的经营权实现形式，而不改变其产权属性。

运营企业取得线路经营权需要具备相应的资质条件。主要包括：有企业法人资格，有符合国家有关标准的城市公共交通车辆、设施，有符合规定的运营资金，有符合从事城市公共交通运营服务要求的驾驶员，有与运营业务相适应的其他专业人员和管理人员，有健全的运营服务和安全管理制度。

为推动企业加强运营服务管理，提高运营服务质量，促进行业适度竞争，城市公共交通线路经营权需设有一定的运营期限。对于城市公共交通线路运营期限届满需要延续的，城市公共交通企业应当在期限届满前向城市公共交通行业管理机构提出延续申请。例如，根据《上海市公共汽车和电车客运线路经营权管理规定》，上海市的公共汽（电）车线路经营权期限每期不得超过 8 年。

（2）线路经营权的授予特点。

线路经营权的授予主要应以企业所具有的运营服务资质条件为依据，同时也应根据公共交通运营服务的特点和要求，体现以下特点：

一是有利于线路运营的稳定有序。对于线路经营权期限届满、运营服务良好的企业，应给予其新一期的线路优先经营权，以保证线路经营的连续性和稳定性。

二是有利于区域相对集中运营。应鼓励特定区域内经营业绩、运营服务优良且具有相对规模优势的企业通过重组兼并达到相对集中经营，并给予其区域内线路经营优先权。

三是有利于线网优化调整。应支持现有线路的经营者通过与其他线路经营者实行线路经营权置换等方式，进行实现规划要求的线路优化调整。

（3）线路经营权的考核标准。

线路经营权的考核标准是线路经营权管理的主要内容。监督企业在运营中执行取得线路经营权时确定的客运服务、行车安全等方面制度的情况，加强线路经营权的考核是健全线路经营权管理制度、提高运营服务质量的重要手段。

线路经营权考核标准的内容一般由运营基本条件和管理要求两个部分组成。运营基本条件包括对该线路车辆配置、服务设施、站点设施和人员素质等方面的规定；管理要求包括运营服务、安全行车、车辆设施、站容秩序、票务管理、投诉处理、遵章守纪、社会评议等方面的规定。城市公共交通行业管理机构可以根据客运市场的变化和运营服务的要求，适时修改考核标准。

城市公共交通行业管理机构应当根据公布的考核标准，在企业进行自我检查的基础上，每年组织对企业的运营服务状况进行评议，并充分重视乘客、信访投诉和新闻媒体报道等社会方面的评议意见。评议时可邀请乘客代表、新闻媒体等方面参加。

（4）线路经营权的退出管理。

经考核评议，线路经营者达不到线路经营要求的，城市公共交通行业管理机构应责令其限期整改，整改期满，考核合格的可继续经营。整改期满仍不符合管理要求的，应取消其线路经营权。

城市公共交通线路经营权的退出管理是一项政策性很强的行业管理工作。在操作过程中，既要严格、规范，也要稳妥、有序。特别对退出经营的企业要妥善处理好资产评估、人员安置、运营衔接等相关事宜。新授权经营单位要优先吸收原在该线路运营的驾驶员、售票员和调度员等。

（二）日常运营服务管理

城市公共交通的日常运营服务管理，是完善运营服务标准，督促运营企业不断提高公共交通服务质量，为乘客提供安全、便捷、经济、可靠的客运服务，促进城市公共交通发展的基础和保障。

（1）主要内容。

①线网及线路管理。线路日常运营管理是指根据城市公共交通线网规划，编制和确定实施计划，包括线网优化调整、新建住宅区线路配套、复线控制、线路暂停与终止、线路长度控制、公交专用道管理等内容。

②站点设置与管理。包括站点设置布局、首末站设施管理、首末站日常管理、站名规范管理、站牌服务信息管理、候车设施管理、临时站牌管理等内容。

③运营车辆、车载服务设施管理。包括车辆技术要求、车辆服务设施配置要求、车辆日常维护要求等。城市公共交通行业管理机构对运营车辆实行年度审验制度，未经年度审验或经年度审验不合格的运营车辆，不能用于线路运营。

④票务管理。行业票务管理主要包括票价的制定、售票员售检票、票款回收、核算、统计等相关工作的要求。政府物价部门核定运价标准，城市公共交通行业管理机构据此对票价进行检查监督，对企业提出的票价调整申请进行审核，会同物价部门组织听证。

运营企业应严格按照政府核定的运价标准收费，并向乘客提供经城市公共交通行业管理机构和税务部门共同核准的统一票据；如需调整票价，须报政府主管部门批准后才可实施；在运营过程中，售票员或驾驶员应监督乘客按规定买票（投币或刷卡），正确识别与处理违章乘车事件。

⑤行车作业计划管理。城市公共交通行业管理机构对线路行车作业计划的编制和执行情况进行监督检查。

在线路投入运营前，运营企业应按照运营要求和客流量编制线路行车作业计划，对行经路线、停靠站点、开收车时间、配备车辆数、车辆发车时间间隔等进行规范，并报城市公共交通行业管理机构批准后组织实施。

⑥从业人员服务操作规范管理。包括对驾驶员、售票员、调度员等运营企业的现场服务人员在规范着装、服务用语、操作规程等方面进行规范管理和监督检查。

（2）建立服务督查评价机制。为加强城市公共交通日常运营服务规范管理，城市公共交通行业管理机构应根据各地的行业运行与管理实际，探索建立一套切实有效的日常运营监督管理机制。

①建立和完善服务规范标准监督检查制度。

一是要加强城市公共交通行业管理机构的行业稽查。特别是要通过加强现场监管执法力量、充分应用信息化等技术手段，加大行业稽查力度，提高执法监督的有效性与权威性。

二是要推动企业自我管理，促进行业自律。尤其要充分发挥行业协会的相关职能，通过行业协会的纽带作用和组织、教育作用，增强行业和企业的自律意识，提高规范服务水平。

三是要充分发挥社会监督的作用。可通过行风巡查团、乘客投诉、媒体监督等方式，形成全社会共同关心、关注城市公共交通规范服务的合力。

②建立和完善城市公共交通日常运营服务社会评判与考核机制。

一是要引导社会中介组织建立行业服务的社会评判机制。在服务规范标准内容的制订、执行监督、考核实施等环节都要通过适当机制引导专业的、权威的社会中介组织积极参与，充分发挥作用。

二是要建立严格的服务考核机制。服务规范标准通过适当渠道经社会评判认可后，政府对城市公共交通服务的监管也以此为依据，根据企业服务水平，决定线路经营权的授予以及财政补贴、补偿的数量。企业也根据社会认可的服务规范提供公共交通服务，规范企业内部服务供应考核制度，以服务水平作为考核经营者、驾乘人员的主要指标，并健全日常服务考核程序与数据管理。

对于企业服务规范标准执行情况的督查、考核，要作为城市公共交通线路经营权管理和企业经营者综合经营管理绩效评价的有效手段，根据考核指标权重的不同，设定具体的，甚至量化的考核标准，这样才具有可操作性和权威性。

（三）运营成本监审

所谓运营成本监审，是指政府有关部门通过合理界定企业运营收入和成本范围，建立城市公共交通行业单位成本标准，科学测算、审核和评价企业的经营状况，并将运营成本以适当的方式向社会公开，促进城市公共交通企业进行成本控制、规范营收。运营成本监审，为政府部门评价城市公共交通行业经营状况，完善扶持政策提供依据，也是建立公共交通合理补贴机制的需要。

城市公共交通作为公益性行业，其票价应该受到政府的监管，而不适宜实行完全市场化的定价方式。近年来，随着油价上涨、车辆更新等经营压力的不断加大，我国城市公共交通企业普遍存在着票款等收入难以弥补生产经营支出的问题，甚至日常经营也面临不同程度的困难，这影响了城市公共交通企业的可持续发展，因此，政府应当通过补贴、补偿等方式给予适当扶持，保证城市公共交通运营服务的正常进行。这就迫切需要在城市公共交通行业推行成本监审制度。通过成本监审，促进企业加强管理，降低成本，规范公共财政补贴，实行合理的行业扶持政策和价格政策，提高政府行业监管的效率和水平。

二、城市公共交通行业管理体制

（一）我国目前的城市公共交通管理体制

目前，我国城市公共交通管理体制主要有以下三种模式：一是由交通、市政、城建、公安等部门对城市公共交通实施交叉管理的传统管理模式；二是由交通部门对城乡道路运输实施一体化管理的模式；三是“一城一交”综合交通管理模式。

模式一：由交通、市政、城建、公安等部门对城市公共交通实施交叉管理。交通局负责公路运输、公路和场站规划建设以及水路交通运输的行业管理，市政公用局负责城市公交汽车和城市客运出租汽车的管理，市城建部门负责城区的道路规划与建设。这种模式由于部门管理分头领导、职能交叉、分工不明，因而政出多门、政令冲突。主要实施的城市有南京、福州、昆明、南宁、成都、杭州等。

模式二：由交通部门对城乡道路运输实行一体化管理。实现了交通部门对交通的管理；整合了道路运输资源，但不具备城乡交通统一战略、统一规划、统一政策和统一建设的职能。这种模式也最普遍，主要实施的城市有沈阳、哈尔滨、乌鲁木齐、西宁、长沙、兰州等市。

模式三：实行“一城一交”综合交通管理模式。该模式的主要职能：市交通委员会是市政府组成部门，负责交通运输规划、道路和水路运输、城市公交汽车、出租汽车的行业管理，并负责对城市内的铁路、民航等其他交通方式进行协调。实现了道路运输管理的一体化，但在交通基础设施的建设养护方面尚未形成集中统一管理。主要实施的城市有北京、广州、重庆、深圳、武汉等。

我国香港的城市公共交通主要采取专利经营的模式。香港主管交通事务的部门是运输署，凡与交通有关的全部归运输署统一协调和管理。这种集中统一的管理体制，避免了政出多门、互相扯皮的弊端，而且在规划与管理上全面衡量，通盘考虑。政府不投资，由企业按市场经济原则经营。在票价方面不实行福利政策，而采取成本加合理利润的商品价格，但政府对此进行严格控制。

此外，我国一些城市还进行了城市公共交通管理体制的改革试点，取得了较理想的效果。如上海的“三制”改革，即首先是票制改革，取消月票，实行普票；其次是机制改革，优化财政补贴，实现良性循环；最后是体制改革，实行多家经营，形成竞争格局。改革后，传统计划经济体制下的“等、靠、要”变成了市场经济条件下的“争、创、抢”（争客流、创效益、抢市场）；企业的经营思路、分配机制、管理思想更加灵活；班次、车辆、线路都得到了有效保证，司乘人员服务更热情，乘客对公共交通的满意程度显著提高；城市公共交通系统连续多年大幅度亏损的势头得到了有力遏制，部分企业做到了收支平衡。

（二）国外城市的典型代表

法国城市公共交通管理体制以“城市交通管理委员会”（AOTU）为管理机构，以“城市交通服务区”（PTLJ）为责权范围，以“城市交通税”（VT）为资金来源，三者相互支持，构成了法国地方化的城市公共交通建设与管理机制的基础。法国的城市公共交通服务采用所有权和经营权分开的模式：所有权为公有，由行业主管单位“城市交通管理委员会”管理，地方政府收购城市公共交通设施的所有权并负责新的投资建设；经营权则由运营公司负责。城市公共交通企业与“城市交通管理委员会”之间存在服务合同关系，法国城市公共交通企业包括私营、公私合营和国营三种不同的经营形式。

美国城市公共交通的管理机构是各市公共交通局负责城市公共交通管理、规划、建设及管理停车场等。美国城市公共交通的投资体制由各级政府分担，不管城市公共交通企业亏损如何，都依据既定的议案给予优厚的政策补贴。

日本城市公共交通管理体制中，地方城市分设建设局、城市规划局和交通局。交通局主要负责市内的交通体系的基础设施建设和运营；建设局主要负责道路和河流的修缮及管理，并且管理城市再开发，以及其他与基础设施相关的业务；城市规划局主要负责有关交通规划等政策的制定。其资金来源由国家拨款、地方政府拨款和银团贷款三部分组成。另外，日本政府实行低票价政策。

（三）国内外城市公共交通管理体制的对比

（1）管理模式。法国的城市公共交通服务采用所有权和经营权分开的模式：所有权为公有，由行业主管单位“城市交通管理委员会”管理，地方政府收购公共交通设施的所有权并负责新的投资建设；经营权则由运营公司负责。公共交通企业与“城市交通管理委员会”之间存在服务合同关系，法国城市公共交通企业包括私营、公私合营和国营等三种不同的经营形式。美国城市公共交通的管理机构是各市公共交通局，负责城市公共交通管理、规划、建设及停车场管理等。美国公共交通的投资体制由各级政府分担，不管公共交通企业亏损如何，都依据既定的议案给予优厚的政策补贴。在我国，一方面，还没有一个统一的城市公共交通管理模式；另一方面，还没有形成一个完整的城市公共交通管理体系。相比较而言，单一的管理机构、健全的行政管理和执法体系的建立有利于政令及时地传达和准确地执行，有利于提高城市公共交通管理的效率。

（2）管理职能。在管理职能方面，以日本为例，日本的城市公共交通管理体制主要体现在运输主管部门和建设主管部门有明确的职能划分，并且二者之间实施了有效的协调配合。而我国目前的城市公共交通管理涉及的几个机构之间的责权利关系还不是十分明确，存在部门分割、职能交叉、分工不明等问题。

（3）运营模式。在运营模式方面，国外的城市公共交通企业普遍采用由私营部门经营、政府所属公共交通公司的商业化经营、公有和私有客运公司相结合等不同的运营模式。而在我国，城市公共交通的运营还是以国有企业为主的运营模式，没有从根本上适应市场经济的发展要求。

三、城市公共交通补贴机制

城市公共交通作为城市生产的社会共享资源之一，其经营活动具有鲜明的二重性。城市公共交通行业既具有生产性质，又具有公益性质。公共交通企业需要政府进行财政补贴，政府对公共交通提供政策性亏损补贴是为了适当降低票价，吸引乘客乘坐公共交通，以取得整体经济效益和社会效益最大化的一种经营策略，这种策略诱导个体交通转换为公共交通，以提高公共交通吸引力。补贴的多少则与票制票价和成本有关，为此要建立公共交通票价与企业运营成本和社会物价水平的联动机制，根据城市经济发展状况、社会物价水平和劳动工资水平及时调整公共交通票价和补贴额度，真正实现政策性补贴带来的社会经济效益最大化。

（一）城市公共交通补贴政策

城市公共交通补贴政策和制度是实施公共交通补贴的参考依据，我国各级政府非常重视城市公共交通补贴制度的建立和财政扶持政策的出台。《国务院办公厅转发建设部等部门关于优先发展城市公共交通意见的通知》（国办发〔2005〕46号）文件等相关文件，明确提出了对规范城市公共交通补贴制度，随后中央政府出台的一系列文件针对城市公共交通补贴机制及补贴额度测算，提出要建立低票价的补贴机制，落实燃油补助及其他各项补贴和规范专项经济补偿。以下各部分对有关公共交通补贴政策进行了汇总和解析。

（1）低票价的补贴机制。城市公共交通实行低票价政策，以最大限度吸引客流，提高城市公共交通工具的利用效率。城市人民政府应当按照《中华人民共和国价格法》等有关法律、法规的规定，建立健全城市公共交通票价管理机制。要在兼顾城市公共交通企业的经济效益和社会效益的同时，充分考虑城市公共交通企业经营成本和居民的承受能力，科学核定城市公共交通票价。由于公共交通的低票价由城市人民政府根据城市财力以及居民出行的需要确定，导致城市公共交通企业因低票价而亏损。为了维持公共交通企业的可持续生产，城市人民政府对公共交通企业实施低票价补贴，例如：深圳市采用成本规制的补贴方法。但在这一机制下，由于在企业的收入和成本中，难以分清经营性与政策性业务，要核定低票价造成的企业亏损额，就面临着难以界定经营性亏损与政策性亏损的问题。这一问题，也正是目前公共交通补贴机制中的一个世界性难题。

（2）燃油补助及其他各项补贴。根据《国务院办公厅关于转发发展改革委等部门完善石油价格形成机制综合配套改革方案和有关意见的通知》（国办发〔2006〕16号）和财政部有关文件的规定，成品油价格调整影响城市公共交通增加的支出，由中央财政予以补贴。各级人民政府应加强对补贴资金的监管，确保补贴资金及时足额到位。同时，要建立规范的成本费用评价制度和政策性亏损评估及补贴制度。要按照《国务院办公厅转发建设部等部门关于优先发展城市公共交通意见的通知》（国办发〔2005〕46号）文件的精神，定期对城市公共交通企业的成本和费用进行年度审计与评价，在审核确定城市公共交通定价成本的前提下，合理界定和计算政策性亏损，并给予适当的补贴。其他补贴还可以包括购车补贴、低碳交通补贴等。

（3）规范专项经济补偿。城市人民政府应严格按照国家法律、法规的相关条款和有关文件的规定，合理准确地界定社会公益性服务项目。城市公共交通企业有责任承担政府指令性公益任务，对城市公共交通企业承担的此类任务所增加的支出，经城市人民政府主管部门审定核实后定期进行专项经济补偿，不得拖欠和挪用。

（二）城市公共交通补贴方式

城市公共交通的补贴方式的选择直接影响补贴的金额和补贴的效果。在实际操作过程中，对于采用何种方式进行公共交通补贴，各个地区或城市应当根据当地特点选择适应的方式。下面分别对公共汽（电）车和轨道交通补贴方式进行说明。

（1）公共汽（电）车。我国城市公共汽（电）车补贴内容主要包括低票价补贴、特殊人群减免票补贴、油价补贴、冷僻线路补贴、政府指令性任务所增加支出的补贴。对公共交通的补贴方式主要包括规范型的补贴、预算约束型的补贴、谈判型的补贴。

①规范型的补贴有三种方式。一是招投标方式，对取得线路经营权的运营企业进行补贴；二是通过地方政府的规范性文件，规定公共交通补贴方式；三是专项性补贴，如燃油补贴、车辆更新补贴等。

②预算约束型的补贴。地方城市政府采取基数包干法，公共交通补贴额几年不变，或者根据城市财政收入确定补贴额度。

③谈判型的补贴。公共交通企业每年根据实际发生的亏损额，与地方政府财政部门进行协商后，确定公共交通补贴额度。

补贴资金的来源主要由地方政府负责解决。城市政府在安排预算时，主要是通过“企业政策性亏损”科目来核算。中央财政对于公共交通补贴未纳入中央财政预算科目，目前仅分配了部分燃油补贴。

（2）轨道交通。对城市轨道交通这类大型基础设施项目而言，由于项目自身营利性相对较差，政府通常要给予一定的补贴。常见的补贴方式有两种：在建设期间的前补贴方式和在运营阶段的后补贴方式。

①前补贴方式。项目由政府和企业共同投资，政府的出资主要用于项目的土建工程部分（包括车站、轨道和洞体），而企业融资成立项目公司，对地铁进行建设（包括车辆、信号等一些流动资产）、运营和维护。项目建成后，政府投资部分的资产无偿或象征性地租赁给项目公司经营，政府对其投入资产享有所有权而无对等的收益权，企业对政府投资享有使用权和收益权。

②后补贴方式。以预测客流量和实际票价为基础，在项目建成后和投入运营过程中按一定方法对运营亏损和投资维修进行补贴，项目运营中的风险和收益在一定程度上由政府与企业共担。这种方式多建立在合理估算和预测的基础上，比照实际情况进行调整，并采取分成形式分担风险和收益，避免政府、企业承受过大的市场风险。可以促使企业在保证安全运营的前提下降低运营成本，提高经营管理水平，实现政府公共利益与企业商业利益的结合，从而实现政府和企业双赢。

（三）国内典型城市公共交通补贴政策

（1）上海市公共交通行业补贴。近年来，上海市财政逐步加大了对政府购买服务的财政支持力度，在公共交通车辆更新、公共交通换乘优惠、70岁以上老人非高峰免费乘车、信息化建设、政府指令性任务和油价等方面建立了相应的财政补贴政策。2007—2009年投入专项补贴资金61.68亿元（不包括基础设施建设资金），油价补贴4.19亿元，车辆更新补贴1.88亿元；2008年度，安排公路交通专项14.4亿元，其中优惠换乘2.8亿元，老人免费乘车2.1亿元，油价补贴7.47亿元，车辆更新补贴1.91亿元；2009年度，安排公路交通专项39.15亿元，其中优惠换乘6.87亿元，老人免费乘车3.83亿元，油价补贴6.89亿元，车辆更新补贴20.99亿元。

（2）深圳市公共交通行业补贴。深圳市公共交通改革走在了全国前列。公共交通行业自2007年进行资源整合，由原来的26家整合到7家，分别是巴士集团、西部公汽公司、东部公交公司（以下简称三大公交企业）、深圳天诚运输实业有限公司、深圳市运发集团股份有限公司、深圳恒誉光明运输集团有限公司、深圳金华南巴士股份有限公司。三大公交企业作为深圳市公共交通的主营企业，运营线路占全市营运线路的96%。根据市交通运输委的数据，截至2013年，全市公共交通线路893条，比2012年增加4.6%；运营车辆15010辆，比2012年增加3.2%；营运里程104807万千米，客运量205634万人次（营运里程和客运量为三大公交企业数据，不包含其他公共交通企业）。

深圳市从2013年6月起实行《深圳市公共交通财政定额补贴政策实施方案》（简称《定额补贴方案》），期限三年，作为过渡性方案取代原有公共交通成本规制补贴政策，同时增加新能源公共交通的车辆、新开线路、公共交通场站补贴办法等7个配套措施。其他补贴政策保持不变。公共交通补贴金额方面，根据市财政委提供的资料，2013年度深圳市公共交通财政补贴总规模不超过571071万元，其中，原成本规制综合补贴改为财政定额补贴37560万元，燃油价格补贴和深圳通刷卡补贴共214711万元，新能源公共交通的车辆融资租赁补贴35349万元，贷款利息补贴3450万元。

（四）城市公共交通补贴制度建设

（1）建立规范的补贴制度。城市公共交通发展要纳入公共财政体系，建立健全城市公共交通投入、补贴机制。对由于实行低票价、月票以及老年人、残疾人、伤残军人免费乘车等减免票政策形成的城市公共交通企业政策性亏损，城市人民政府应在定期对城市公共交通企业成本费用进行年度审计与评价的基础上，合理给予补贴。大、中城市可按年度实行运营公里补贴，小城市可按年度实行定额补贴，并将上一年度政策性亏损补贴列入政府下一年度财政预算，按年度足额落实到位。对承担社会公益性服务所增加的支出，按月或季度给予专项经济补贴。补贴经费在政府年度预算中列支，统筹安排，重点扶持。

（2）规范的城市公共交通方面的成本费用评价制度。按照国发办的相关文件的精神，对城市公共交通企业实行严格、规范的成本费用审计与评价制度。各城市公共交通行业管理机构、发改委、财政局、物价局、劳动保障局定期组织对城市公共交通企业的成本和经费收支情况进行年度审计与评价，在审核确定城市公共交通定价成本的前提下，合理界定，并报地方政府给予政策性亏损补贴。城市公共交通企业运营成本必须通过新闻媒体和网络等多种形式向社会公开。成本费用考核指标方面，可用人车比和单车运营成本作为成本考核的主体。人车比可以反映公共交通企业的竞争力、技术水平及管理效率，人车比降低，可节约企业人工成本。对单车运营成本考核可核定单车各项成本费用消费系数，超出的定额消耗部分由企业自负。上述两方面合起来即可作为成本费用考核指标体系。

（3）政策性亏损评估内容。根据政策性亏损补贴范围，建立一系列考核指标，严格界定政策性亏损额度，公共交通企业合理的亏损额由政府予以财政补贴。如果公共交通企业实际亏损额超过合理亏损额，超额部分属于经营性亏损，政府不予补贴。如公共交通企业实际亏损额低于合理亏损额，说明其管理富有效率，经济效益及社会效益较高，应对其进行适当奖励。政策性亏损考核指标的内容除了合理成本的考核外，还包括服务质量考核。对服务质量的考核指标可采用客位公里、人公里。采用客位公里可反映公共交通车辆的实际运行状况，人公里可反映车辆的运营及满载率情况。

上述指标将人和车结合起来，实际构成了对公共交通企业经济效益与社会效益进行考核的指标体系。

第三节　城市公共交通运营评价

城市公共交通是重要的城市基础设施，具有鲜明的社会公共使用性质，与人民群众的工作和生活息息相关，是关系国计民生的社会公益事业，在满足城市居民出行、正常发挥城市功能方面起着重要作用。据统计，我国城镇居民日常出行约 70% 的人首选乘坐公交车辆。随着我国经济的持续快速发展和城市化进程的推进，我国城市公共交通无论是运力还是规模，都处于快速发展的过程中。城市公共交通运输业在快速发展过程中，如何在更好满足居民出行需要的前提下，努力提高运输生产效率、改善服务质量，受到越来越广泛的关注。为了促进城市公共交通的健康发展，必须对其运营过程组织效果、服务质量水平进行科学的评价，在不断提高运输生产率的同时，更好地满足城市居民出行的需要。

一、城市公共交通的网络技术性能评价

城市公共交通线网密度、万人公共交通车辆拥有率以及公共交通站点覆盖率等，直接关系着公共交通乘客乘车的便捷程度，因此，这些指标常常就作为评价公共交通网络技术性能的重要因素。

（一）城市公共交通线网密度

城市公共交通线网密度有以下两种算法。

（1）纯线网密度（km/km^2）。公共交通纯线网密度指有公共交通服务的每平方公里的城市用地总面积上，有公共交通线路经过的道路中心线总长度，即：

$$\text{公共交通纯线网密度}=\frac{\text{有公共交通线路经过的道路中心线总长度}}{\text{有公共交通服务的城市用地总面积}}$$

该指标的大小反映了居民接近公共交通线路的程度。从理论上分析，全市

以 2.5~3.5km/km^2 为好，在市中心区客流量大处可适当加密，市边缘地区客流密度低，则可减小。

（2）运营线路网密度（km/km^2）。公共交通运营线路网密度的计算方法是用各公共交通运营线路总长度除以所经地区总面积，即：

$$公共交通运营线路网密度=\frac{各公共交通运营线路总长度}{有公共交通服务的城市用地总面积}$$

这一指标考虑到公共交通复线、重叠系数的事实，但对于公共交通线路分布是否均匀、居民乘车是否方便，还不能反映出来。该指标与公共交通纯线网密度指标无法联系，也不能相互换算。不过，这项指标比较容易计算。

（二）城市公共交通车辆拥有率（标台 / 万人）

公共交通车辆拥有率是反映城市公共交通客运实际能力的另一个重要指标，就是在城市一定空间内每万人拥有的公共交通车辆标台数。

其中，一辆标准车按 80 客位计。单纯公共交通车辆的绝对数不能反映城市公共交通设施的水平，而要用单位人口拥有公共交通车辆数作为标准，在全世界范围内基本上均能以每万人拥有公共交通车辆数作为标准。

一般情况下，城市越大，公共交通车辆拥有率水平越高。在我国《城市道路交通规划设计规范》中，城市公共汽车和电车的规划拥有量，大城市应每 800~1000 人一辆标准车，中、小城市应每 1200~1500 人一辆标准车。

（三）城市公共交通站点覆盖率（%）

公共交通站点覆盖率也称公共交通站点服务面积率，是公共交通站点服务面积占城市用地面积的百分比，是反映城市居民接近公共交通程度的又一个重要指标。通常按 300m 半径和 500m 半径计算，《城市道路交通规划设计规范》规定的公共交通车站覆盖率，以 300m 半径计算，不得小于城市用地面积的 50%；以 500m 半径计算，不得小于城市用地面积的 90%。

$$公共交通站点覆盖率=\frac{公共交通站点服务面积}{城市用地面积}$$

二、城市公共交通的服务质量特性

城市公共交通在为乘客提供服务的过程中是否做到了高效、便捷、准点、安全舒适和经济实惠，直接影响着乘客对其服务质量的评价效果。城市公共交通企业应通过加强管理，真正将“乘客至上”放在首位，不断提升服务水平，在为居民出行服务的过程中真正做到安全、迅速、准点、经济、方便、舒适和高效。

城市公共交通服务质量是指公共交通运输服务在满足乘客出行需要方面所达到的程度。城市公共交通服务质量特性主要包括安全性、及时性、准确性、经济性、方便性和舒适性六个方面。

（一）安全性

安全性是指客运车辆在运输过程中确保乘客的人身及财产安全，不发生人身伤害及财产损坏。无论是城市公共交通运输还是其他任何一种交通运输方式，安全运输永远是第一位的。任何一种交通运输方式，如果没有安全性作保证，是不会有乘客乘坐的。因此，对于城市公共交通运输而言，在对乘客完成空间位移的过程中必须要做到确保乘客的人身及财产安全。

（二）及时性

及时性是指客运车辆满足乘客所需要的合理时速要求的能力，可通过出行时耗、公共交通车辆运营速度指标反映。出行时耗为车内（乘车）时间和车外时间之和。乘车时间主要和公共交通车辆运营速度有关，而公共交通车辆的运营速度直接受到运营线路条件和交通环境的影响；车外时间包括到离公共交通站台时间、候车时间以及换乘时间，主要和公共交通的线路安排、站点布置有关。一个城市高水平的公共交通服务，就及时性而言必须将乘客的出行总时耗保持在合理水平，而要将乘客的出行总时耗保持在合理水平，就必须将公共交通车辆的运营速度保持在合理范围，过低的运营速度是不利于满足乘客的出行及时性要求的。在同等出行距离条件下，与其他交通方式相比，公共交通只有提供更加快捷的出行，才可能吸引更多的出行者。

（三）准确性

准确性是指客运车辆满足乘客到达计划站点所期望的合理时间要求及位置要求的能力。对于城市定线定站式公共客运车辆而言，既要求在线路起点准点发车且到达沿线各个站点的运行时间相应准确，也要求到达各个站点的位置相应准确。这里，到达沿线各个站点的运行时间相应准确的意义是要求城市公共交通车辆能够沿行车线路每趟按照计划时间在许可的范围内“均匀”到达各个站点，以防止客运车辆在一些站点在短时间内产生连续到达的“堆积”现象，而在另外的一些站点出现无车可乘的“断运”现象。实际中，在一些站点产生“堆积”现象后将给有限的运力造成浪费，而在一些站点产生“断运”现象后会给乘客的及时出行带来极大的不便。到达各个站点的位置相应准确的意义是要求城市公共交通车辆能够沿行车线路按照计划的停车站点，在许可的距离范围内停靠在各个站点，以防止运输车辆营运过程中不到站点就停车上下客，或到达该停的站点不停车，给乘客上下车造成不便。

城市公共交通车辆的行车准确性与企业调度管理、运营组织、车辆密度、道路条件、交通环境以及客流状况等因素密切相关，在其他因素一定的条件下，准确率越高，乘客对公共交通的满意程度亦会越高。

（四）经济性

这里的经济性主要是对乘客的出行费用而言的，是指乘客乘坐公共交通出行的费用支出要低。对乘客而言，合理、便宜的票价是公共交通吸引乘客的重要因素。因此，城市公共交通票价的制定既要兼顾运输企业的效益，又要考虑社会整体利益。而乘客所能接受的公共交通车辆票价的高低与其所在地区的经济收入水平密切相关。

城市公共交通是城市重要的基础设施，具有鲜明的公益性属性。在当前条件下，城市公共交通政策性亏损是普遍存在的现象。因而，政府应通过适当财政补贴的方式保证公共交通运输企业有“利”可图；而对于公共交通运输企业来讲，其票价的制定不能以营利为唯一目标，应以最大限度地满足人民群众的工作生活需要为首要原则，同时还需不断提高管理水平。

（五）方便性

方便性是指乘客在出行过程中乘坐公共交通工具的方便程度，包括就近乘车和换乘过程的便捷程度。具体表现为乘客因各种目的出行均有车可乘且换乘次数少，车辆、车站的各种服务标记、服务设施齐全等。影响乘客方便性的主要因素包括公共交通线路网络、站点布设的合理性，线路网络密度的高低，换乘系数的大小，发车频率的高低，大的工业区和住宅区是否有多个方向和不同功能的公共交通线路、不同容量的出行需求等。城市公共交通运输的方便程度对吸引乘客乘坐公共交通工具具有直接影响。

方便性指标具体包括公共交通出行比例、换乘系数、换乘距离、换乘站距以及发车频率等公共交通基本运营特征指标。公共交通出行比例从总体上反映居民对公共交通的选择程度；换乘系数、换乘站距则反映了公共交通线路布局和站点设置的合理程度，直接与乘坐方便性相关；发车频率影响着乘客的等车时间，发车间隔时间太长会影响居民对公共交通的选择。

（六）舒适性

舒适性是指城市公共交通公司为乘客乘车提供的舒适程度。主要表现为乘坐舒适性、上下车方便性和行驶平稳性。影响乘客乘坐舒适性的主要因素包括乘客的乘坐率、车内拥挤程度、车内气温和通风状况以及车辆行驶的平稳性等。

舒适性主要通过高峰满载率和平峰满载率反映。随着人们物质文化生活水平的提高和交通运输业的发展，人们对乘车过程中的舒适性要求不断提高，这就要求公共交通车辆车厢内的拥挤不能超过一定限度。此外，车型配置、车厢内部设施、线路非直线系数也对乘坐舒适程度产生影响。

第四节　智能背景下的公共交通发展

智慧城市的智能公共交通系统是基于智慧城市理念，在大数据的海量信息背景下，以互联网云技术服务的理念，结合新一代的互联网移动宽带、物联网技术等共同建设的。依托现代信息技术的发展，许多传统的思维模式已经被信息化、网络化、数字化的时代所取代。它们正在改变着人们的学习与日常生活方式，对城市交通的发展也产生了巨大影响。在此背景下，萌生出了智能交通系统。城市的智能公共交通系统是公共交通基础设施的核心组成部分。随着智慧城市的发展，公共交通的智能化发展成了一个良好的开端。由于城市发展，人口增多，城市交通规模的增大，对于公共交通系统来说，伴随而来的是乘车人群的扩大和公共交通线路分布范围的增大。原有传统系统已无法满足城市交通建设和人们的出行方式，更无法紧随时代的发展做出智能化的处理，来为人们提供智能化需求的出行方案。因此，智能公共交通系统的出行，智能技术手段如 GPS 全球定位、无线通信技术和智能终端显示灯为城市问题的解决提供了发展方向。智慧交通下智能化的公共交通系统应运而生。

智能公共交通系统结合了 GPS 全球定位系统以及无线通信技术，并利用了大数据手段，将信息进行整合来实现对公共交通系统的智能化调度，来实现车辆运营的可视化和信息化服务，并实现对乘客功能服务的完善化。智能化的调度指挥管理，不仅使各信息网络之间的信息得到极大的共享，也为推动智慧城市下的智能交通和低碳环保交通出行方式的建设做出了贡献。

智能公共交通系统为城市公共交通实现了智能化的调度，在传统的功能上，增添了如实时报站追踪、线路智能查询、到站预知提醒、公共交通候车亭内电子站牌的信息发布等功能；实现了公共交通系统管理者和公共交通系统的使用者的信息交流，提高了公共设施的服务能力；实现了资源的优化配置，降低了成本，提高了乘客的体验感受。

一、智慧城市智能公共交通系统的构成

智能公共交通系统通过各个系统的协调运作实现了其智能化的管理与运用。由中心控制平台、前端信息采集设备、网络传输和显示终端组成。各系统协同运行，实现对城市智能化体系的管理与应用。

中心控制平台：它是智慧城市下智能公共交通系统的“大脑”。中心控制平台可以通过远程控制来实现对运行车辆的监管、调度等，还可以收集车辆运行信息，实现对搜集数据的分析整合，起到中心控制管理的作用。

前端信息采集设备：前端信息的收集利用了多种信息传感器，包括车辆设备中的监控摄像头、公共交通候车亭内的电子监控等设备，以完成前端设备对数据的采集与传输。

网络传输：通过无线信息技术和移动通信技术对公共交通系统进行智能定位、数据传输，实现各终端与控制中心的互联。

显示终端：显示终端是集显示设备与移动通信设备和移动 App 于一体的智能终端系统。以公共汽车为例，通过显示终端，可以实时地获取站台信息、公交汽车的实时位置信息和到站时间，可以使乘客通过智能乘车 App 获取更方便和更准确的乘车计划，不用再为等车而耽误较多的时间，也不用为错过一班车而感到烦恼或耽误行程。信息终端设备的应用提高了乘客的出行效率，可以让乘客充分感受到城市信息智能化带来的生活体验。

二、智慧城市智能公共交通的功能分类

智能公共交通系统在前文中有所提及，是指通过先进的科技手段来实现智能化的管理系统。智能公共交通系统有着更加丰富的体系，较传统公共交通系统有了很大的提升。智能公共交通系统的功能分类有以下几种方式：

（一）面向城市交通管理系统的功能

（1）信息及图形采集存储功能：通过控制中心的远程操作管理来实现对城市交通系统的信息采集和处理，并将信息上传至城市控制中心存储，做好信息数据智库的存储。

（2）车辆行驶路线的记录：在车辆运行时，车辆本身的系统终端与控制中心相连接，实时上传并记录车辆的行驶路线。

（3）自我检测功能：通过对前端信息的检测，智能城市公共交通系统可以

自查当前的工作状态，确定是否安全。控制中心前端的指示设备会显示当前工作状态是否异常，如果异常会发出警报。还可通过信号指示灯或者显示屏直接将信息上传至控制中心，可以及时地对故障进行排查并做出解决对策。

（4）定位功能：依靠 GPS 技术对车辆进行实时定位，并且可以指导车辆按固定的时间间隔和指定的时间进行行车。还可以对车辆经纬度、时间、速度和方向等信息进行查询。

（5）终端故障提醒功能：当终端主机和外部连接设备出现异常连接故障时，会将信息及时传至智能监控中心，智能监控中心提出解决办法。

（二）面向驾驶员的功能

（1）车辆驾驶者身份核实功能：公共交通车辆驾驶人员在工作前可以通过 IC 卡信息识别出驾驶员的从业资格状态，并将其信息上传至控制中心备份，确保车辆驾驶者的状态稳定。

（2）线路偏离警报功能：当公共交通运行偏离所行驶的区间范围时，可将车辆行驶路线轨迹上传至控制中心，以获取当前行驶路线及状态。

（3）超速报警提醒功能：通过对控制终端进行检测，获取当前公共交通车辆的运行状态，超速时发出警报并提醒驾驶者当前状态危险。

（4）疲劳驾驶警报功能：驾驶员如果超过了行驶规定的时间范围，车辆警报终端会发出语音提示，远程监控系统也会设定合理的驾驶时间；如若超过时长，监控中心也会监控到驾驶员的疲劳驾驶的状态，并语音提示驾驶员休息。

（5）车辆报警功能：在车辆行驶过程中若出现紧急事件，例如遇到突发事件或交通故障等，车辆设施的警报系统将会把故障信息以及紧急情况进行上报。同时远程控制中心将获取车辆的位置信息，以提供解决方案。

（6）交互系统功能：车辆与驾驶员的交互是通过语音设备和显示设备来实现的，驾驶员可以通过交互设备来获取信息，从而更好地对车辆进行控制和驾驶。

（三）面向乘客的功能

（1）公共交通信息智能查询功能：主要以智能查询系统为核心，它是对传统公共交通系统的质的飞跃。智能查询系统面向的是公共交通候车亭的候车人群，可为乘客提供公共交通系统的有关信息，如路况、车辆进站情况、车辆行驶状况等；还可为候车人员提供信息化路线查询，更便于人们对出行路线的选择。智能电子查询系统为大众提供了智能化服务，其中通过移动终端的 App 软件，也可以获取相关信息。公共交通候车亭内的智能电子公共交通站牌能够为乘客提供海量的服务信息，方便人们智能化出行。让出行者感受到信息化带来的智慧化城市生活。

（2）车辆到站提醒和显示功能：公共交通候车亭的智能站牌所提供的车辆到站信息查询以及车辆换乘路线指南为候车人群提供了便利，解决了人们关心的等待时间和换乘查询问题。对路线的行驶轨迹的查询、对车辆的实时定位、到达下一站所需的时间预测等，也是智能公共交通站牌的创新功能。

（3）信息实时获取功能：对交通信息的实时获取是出行的人们较为关注的方面，其中例如天气信息、周边服务信息、周边购物场所信息等也在智能电子站牌中体现，极大地便利了候车人群的生活。

（4）影音娱乐播放功能：候车人群在候车时难免无聊，影音播放功能解决了候车人群候车无聊的问题，为乘客乘车或候车时提供了娱乐体验。

（5）站点播报功能：乘客有时会遇到错过车、坐过站的问题，语言实时播报系统以及车辆状态显示功能，对车辆停靠状态信息的获取和对车辆位置信息的了解提供了这些问题的解决办法，让乘客及时获取位置信息和车辆停靠信息等，避免了上述情况的发生。

（6）无线上网功能：无线通信技术的普及，对候车人群的无线通信功能提供了技术来源，乘客可以通过手机终端连接无线热点来进行上网，方便了人们的生活。

城市智能公共交通系统为城市公共交通管理者提供了对车辆进行实时管理、对公共交通车辆路线的优化调度的技术支持，有利于实现资源的优化配置和人力资源的合理利用，为城市居民提供了便捷的乘车感受，方便了市民对乘车信息和其他服务信息的查询，提升了城市交通服务的质量，为人们的生活绘制了美好的蓝图。智能公共交通系统会随着智慧城市的发展而继续完善。上述对智能公共交通系统的概括论述，为笔者对智慧城市背景下公共交通候车亭的设计指明了研究方向，对撰写智慧城市下公共交通候车亭的设计提供了技术理论支撑，有利于设计出更好地服务于大众的公共设施。

三、国内外公共交通候车亭发展现状分析

本部分主要研究的是国内外城市公共交通候车亭的发展现状。在研究分析发展现状的同时，对现有国内外出行问题进行分析，总结经验，学习借鉴研究对象先进的设计理念与思想，并对智慧城市背景下公共交通候车亭的发展趋势进行思考探究。由于条件受限，笔者只能在图书馆查阅相关资料和文献期刊，并利用网络资源搜索来进行全方面、多方位的调研。通过调研对比分析，笔者

发现国外公共交通候车亭的发展速度远远快于国内公共交通候车亭的发展速度，设计也更为人性化，设计更具新颖性和技术意义。

（一）国内公共交通候车亭的发展现状及特点

我国经济的发展促进了城市化进程，政府部门在对基础建设的投入力度上不断增加，城市建设的发展也推动了城市公共交通系统的完善。公共交通候车亭作为城市公共交通系统的重要组成部分，其发展和改变也关系着每一位城市居民。城市公共交通设施中，对公共交通候车亭的设计，越来越多的城市投入使用了功能和样式更加丰富的设计元素，并且还与当地人为因素和自然因素相结合来进行设计，突出了当地的人文特色。例如苏州挑檐式仿古候车亭，以挑檐的形式作为其公共交通候车亭的设计元素，表现了当地江南古城的地域色彩，美观且富有观赏性。高新技术与新材料的发展应用，也使得公共交通候车亭设施的发展水平得到不断的提升，人性化、智能化的公共交通候车亭设施应用到城市基础设施建设上，这也标志着中国公共交通候车亭的发展水平呈不断上升的趋势。

经过搜集相关资料并对其进行研究，笔者分析并总结出我国公共交通候车亭在设计中存在以下特点：

一是造型缺乏创新。大多数的候车亭缺乏创新意识，且在形式上较为单一。根据搜集的数据，我国大部分城市，无论城市发展水平高还是低，都采用了“Y”形、“T”形这些较为老式的造型结构。它们的广泛应用得益于其造型较为简洁并且在建设时施工技术要求低，相对的建设费用也不高，可以大面积地普及。

二是“拿来主义”严重。仿古类公共交通候车亭设计语言较为直接，其设计想法主要是将中国的古代建筑样式套用于公共交通候车亭的设计上，“拿来主义”明显。有些地区甚至生搬硬套于公共交通候车亭的设计中，这就造成了对传统元素的误解，从而缺乏对古代建筑设计语言的提炼和发展，只能模仿其外在形式。如北京、苏州、济南等地的公共交通候车亭。

三是智能发展落后。之前我国经济的滞后，导致在研究发展城市智能候车亭设施上比较落后，我国在公共交通候车亭的科技手段的应用上还停留在技术表面，在其公共交通候车亭的智能设施上仅有电子报站器、公共交通监控设备以及部分城市的电子路线查询器等。与国外智能交互、富有趣味性和绿色环保性的公共交通候车亭还存在着一定的差距。

（二）国外公交候车亭的发展现状及特点

查阅文献发现，与国内公共交通候车亭相比，国外的公共交通候车亭很显然是经过精心设计的。设计者会在满足公共交通候车亭的基本设施的基础上，根据公共设施环境来进行相应元素的添加设计。例如，设计师往往会通过调研某公共交通候车亭人流量的多少来判断是否需要在设计中增加取款机、电话亭等附加的便民设施的设置；在人流量比较集中的地方增设护栏等防护设施，护栏的设置在为乘客提供安全保护的同时，又使得乘车乘客能保持有序的乘车；在座椅的材料选用上偏向于金属和木质材料，这样会有一些现代感设计。国外的LED显示器也格外醒目，其中就包含了对城市交通地图的显示，这样大大增加了乘客阅读乘车和换乘信息的能力，给城市公共交通候车亭的使用者们带来了便利。因此，国外公共交通候车亭的设计相比于国内更突出了其功能性。

在外观设计方面，国外设计师在对公共交通候车亭进行设计时，偏向于对有机玻璃和通透性材料的应用，这就体现了公共基础设施的透明开放性。国外设计师认为透明开放性是公共设施的一种安全保障的体现，而且透明的设计也能使得街道原有的景观风貌不会因公共交通候车亭的建设而打破，从而维持了街道景观的连续性，实现了公共环境与城市景观和人的和谐相处。体现了人的主角性等多方面的好处，因此，这类手法值得我国设计师来思考和借鉴。

通过对国外公共交通候车亭进行研究，笔者发现其设计主要呈现以下四个特点。

一是娱乐和休闲并存的公共交通候车亭。此类公共交通候车亭首先在外观设计上区别于普通的候车亭，其创新点是候车亭的功能元素与人们的生活相契合，将人们所关注的生活乐趣融入设计中，让乘客充分体验到候车带来的乐趣，消除候车所带来的烦恼，给人以放松和娱乐的心态。在荷兰有一处创意公共交通候车亭设计，其设计把候车亭的座椅与电子秤相结合，乘客在坐下候车时，身边的电子屏幕就会显示乘客的体重，这一创意不光是丰富了人们的乘车乐趣，还为健身娱乐等商家创造了商机，是公共设施设计与广告的完美融合。迪拜处于沙漠地带，人们日常乘坐公共交通时难免会感受到太阳照射的炽热，迪拜的公共交通候车亭采用了封闭式的空间，内部装有空调系统，可供乘客乘凉，让人们在炎炎夏日感到舒适，从而减少了乘客焦虑的心情，是一个富有人性化的设计。

二是突出当地特色环境的候车亭。设计师在设计此类公共交通候车亭时，充分考虑了当地地域文化特色以及周围环境的变化，使候车亭在外在形式上与当地特色更贴切，可以较好地表达所属地区的文化内涵。巴西是足球的王国，在圣保罗，设计者在设计中充分考虑了巴西的足球文化特点，并将设计因素运用到候车亭的设计中；美国西部的约塞米国家公园内有一座特殊的候车亭，该候车亭是以公园内的原材料进行加工改造设计的，由石头堆砌的立柱和横木所搭建的顶棚构成，公园的山峰、瀑布、峡谷、河流与之相呼应。让生活在城市的人们乘车时能感受到城市外的另一种宁静，躲避城市的喧嚣。

三是充满科技感的高科技候车亭。国外城市发展进程较为迅速，其候车亭的发展也依托于城市科技的发展，在对公共交通候车亭的设计上就采用了比较先进的电子系统和多功能配套设施。当下流行的交互系统等最新科研成果也被应用其中，这展现了公共设施的信息互通和高科技水平。2008 年法国巴黎首先建成了由液晶显示屏组成的公共交通候车亭，它是科技发展的前沿产物，候车亭里的乘客可以通过手动触控交互面板来实现信息的实时获取与交流互动。由设计师马克·艾克（Marc Ecko）创作的“数字城市之光”的公共交通候车亭还可以让人们利用手机的蓝牙连接候车亭与候车亭显示屏幕进行交流，可以轻松地使用手机光标进行绘制，并可以在自己的手机设备上留下之前涂鸦的作品，展现了科技的进步和与人的交流互动。

四是具有环保特征的候车亭。其最大的特点就是环保造型的运用与环保设施的结合，其设计的主要目的也是节约能源和保护环境。例如英国谢菲尔德市的绿色环保公共交通候车亭就是以绿色草坪为顶棚，此设计不仅增添了城市公共绿化，而且还能给乘客以清爽感，是具有公益的环保设计。

第五章　城市轨道交通的运营管理

第一节　轨道交通发展概述

城市轨道交通系统是指在城市中使用车辆在固定导轨上运行并主要用于城市客运的交通系统。我国国家标准《城市公共交通常用名词术语》[①] 中，将快速轨道交通定义为“通常以电能为动力，采取轮轨运转方式的快速大运量公共交通的总称”。

一、城市轨道交通的分类

城市轨道发展呈现速度快、数量多、类型多样化、设施更先进、管理经营更科学、整体效益更佳的特点。城市轨道交通经过长久的发展，形成了多种多样的城市轨道交通方式。各国对城市轨道交通的分类各有差异，常用的分类方式有以下几种。

（一）按基本技术特征分类

根据轨道交通系统基本技术特征的不同，城市轨道交通系统主要有市郊铁路、有轨电车、地下铁道、轻轨铁路、独轨铁路、自动导向交通系统和磁悬浮系统等。

（1）市郊铁路。市郊铁路是指利用干线铁路或修建专用线路，其旅客列车开行于市中心区到周围城镇、周围城镇之间（站距较大、停车次数较少、行车密度不太大），主要用于通勤、通学、旅游、赶集等加强城郊联系的社会、经济活动等。它具有干线铁路的技术特征，如轨道通常是重型的。与城市轨道交通系统中的地下铁道等其他类型不同，在市郊铁路上通常是市郊旅客列车与干线旅客列车和货物列车混行。

① 标准号 StandardNo：GB/T 5655—1985。

（2）有轨电车。有轨电车是一种在城市道路上修建轨道并采用空中架设输电系统的城市轨道交通系统，有轨电车通常采用地面线，有时也有隔离的专用路基和轨道，隧道和高架区间仅在交通拥挤的地带才被采用。

现代有轨电车由于采用整体道床，轨面和路面保持同一水平，因此，机动车辆和行人可以进入，是一种混合交通。但车辆运行速度较低，行车安全和准时性较差，运量较小，单向高峰小时运量通常在 1 万人左右。我国现在已有广州、沈阳、长春、大连、上海、天津等城市拥有有轨电车。

（3）地下铁道。地下铁道简称地铁，国际隧道协会将地铁定义为轴重相对较重，单方向输送能力在 3 万人次 / 小时以上的城市轨道交通系统。地铁一般线路全封闭，在市中心区全部或大部分位于地下隧道内，因而可实现信号控制的自动化，具有容量大、速度快、安全、准时、舒适、运输成本低、不占城市用地，但建设成本高等特点，适用于出行距离较长、客运需求大的城市中心区域。地铁线路通常敷设在地下隧道内，有的在城市中心以外，从地下转到地面或高架桥上敷设。

地下铁道可分为重型地铁、轻型地铁与微型地铁 3 种类型。重型地铁就是传统的普通地铁，轨道基本采用干线铁路技术标准，线路以地下隧道和高架线路为主，仅在郊区地段采用地面线路，路权专用，运量最大；轻型地铁是一种在轻轨线路、车辆等技术设备工艺基础上发展起来的地铁类型，路权专用，运量较大，通常采用高站台；微型地铁，又称小断面地铁，隧道断面、车辆轮径和电动机尺寸均小于普通地铁，路权专用，运量中等，行车自动化程度较高。

世界上首个地下铁路系统是 1863 年英国开通的“伦敦大都会铁路”①（Metropolitan Railway），其干线长度约 6.5km。中国第一条地铁是 1971 年开通的北京地铁。上海地铁于 1990 年年初开始建设，到 1993 年开通第一条线路。

（4）轻轨铁路。轻轨指的是在轨距为 1435mm 国际标准双轨上运行的列车，列车运行利用自动化信号系统。轻轨是从旧式有轨电车系统发展演变而来的。早期的轻轨系统一般是直接由旧式有轨电车系统改建而成，20 世纪 70 年代后期一些国家开始修建全新的现代轻轨系统。现代轻轨系统与旧式有轨电车系统相比，具有行车速度快、乘坐舒适、噪声较低等优点。

轻轨与地铁的区别不是地上、地下，而是选用的车体，一般选 A、B 车体为地铁，C 车体为轻轨；地铁载客量大，轻轨载客量小。如上海轨道交通 3 号线采用 6 节编组 A 型列车，有 90% 的线路都是在高架上，但是按照车型分类标准仍然属于地铁线路；上海轨道交通 6 号线采用 4 节编组 C 型列车，有 70% 的线路都是在隧道内，但是按照车型分类标准仍然属于轻轨线路。

① 1843 年英国人皮尔逊为伦敦市设计了世界上最早的城市地铁系统。10 年后，英国议会才批准在法林顿和主教路之间修一条长不足 6 千米的地铁。

现今我国拥有轻轨交通的城市有长春、大连、武汉、重庆及天津等，其线网规模也在逐渐扩大。

（5）独轨铁路。独轨是车辆或列车在单一轨道梁上运行的城市客运交通系统。独轨的线路采用高架结构，车辆则大多采用橡胶轮胎。从构造型式上看，独轨铁路通常分为跨骑式和悬挂式两种，跨骑式独轨交通是跨在一根走行轨道上行走，其重心位于走行轨道上方；悬挂式独轨交通是车辆悬挂于可在轨道梁上行走的走行装置的下面，其重心处于轨道梁的下方。

随着跨骑式独轨和悬挂式独轨铁路技术的定型与成熟，独轨铁路作为解决城市公共交通问题的途径得到各方面的重视，独轨铁路才从作为博览会会场和游乐场所运送观光娱乐乘客的工具逐渐成为现代化的城市客运交通工具。

（6）自动导向交通系统。自动导向交通系统在一些文献中被称为新交通系统。这种交通系统的主要技术特征是轨道采用混凝土道床，车辆采用橡胶轮胎，有一组导向轮引导车辆运行，列车运行自动控制，可实现无人驾驶。

一般来说，凡是适应地区多样化的交通需求，使线路和车辆提供最高的运输效率和良好服务质量的公共运输系统都是自动导向交通系统。狭义的自动导向交通系统是指由电气牵引，具有特殊导向、操纵和转折方式的胶轮车辆，单车或数辆编组运行在专用轨道梁上的中运量轨道运输系统。自动导向交通系统的研究起源于 1968 年美国一个名为“Tomorrow's Transportation”（未来的运输）的报告中。这种 20 世纪 70 年代先后建成投入运营的自动导向交通系统有美国达拉斯沃斯堡机场的 People Movers① 系统和摩根城的 Personal Rapid Transit 系统等。经过 70 年代的研制，在 20 世纪 80 年代后，日本、法国和德国等国家也建成自动导向交通系统，其中尤以日本发展最快。

（7）磁悬浮系统。磁悬浮列车是一种靠磁悬浮力（即磁的吸力和斥力）来推动的列车。其轨道的磁力使之悬浮在空中，行走时不同于其他列车需要接触地面，因此只受来自空气的阻力。磁悬浮列车的速度可达 400km/h 以上，比轮轨高速列车的 380km/h 还要快。常导磁悬浮可达 400~500km/h，超导磁悬浮可达 500~600km/h。在 500km/h 速度下，每座位 / 公里的能耗仅为飞机的 1/3~1/2，比汽车少耗能 30%。因为无轮轨接触，震动小，舒适性较好，但其颠簸幅度大，车辆和路轨的维修费用极高。

磁悬浮技术的研究源于德国，早在 1922 年，德国工程师赫尔曼·肯佩尔就提出了电磁悬浮原理，并于 1937 年申请了磁悬浮列车的专利。中国第一条也是世界上第一条高速磁悬浮铁路商业运行线是 2001 年 3 月 1 日开工建设的上海磁

① People Mover，旅客捷运系统，我国称为旅客自动输送系统或自动旅客捷运系统（automated people mover），是一种无人自动驾驶、立体交叉的大众运输系统。

悬浮列车示范线。上海磁悬浮列车示范线西起上海地铁 2 号线龙阳路站南侧，东到浦东国际机场一期航站楼东侧，线路总长 29km，设计时速和运行时速分别为 505km/h 和 430km/h，总投资 89 亿元。德国、日本等一些国家也正在规划建设城市磁悬浮交通。北京市郊铁路 S1 线于 2017 年 12 月 31 日正式开通磁悬浮示范线，这是全国首条以中低速磁悬浮列车运行的轨道交通。中低速磁悬浮列车的最高速度可以达到 160km/h，其速度会高于普通的市区地铁，但出于安全考虑，真正行驶时的速度大约在 40~60km/h，每节车厢容纳乘客在百人左右。

（二）按路权使用情况及列车运行控制方式分类

根据城市轨道交通系统不同的路权使用情况，城市轨道交通系统有路权专用和路权混用之分。路权专用系统指轨道交通系统的道路为独立道路系统，不与其他道路存在干扰；路权混用则指轨道交通线路与其他交通车辆共用道路，并且还与其他线路存在平面交叉。

根据列车运行控制方式的不同，城市轨道交通系统有按信号控制列车运行和按视线可见距离控制列车运行两种方式。按信号控制列车运行方式安全性能好，可满足列车快速行驶；按视线可见距离控制列车运行方式安全性能较差，列车不宜快速行驶。将这两方面分类组合，城市轨道交通系统有路权专用结合信号控制列车运行、路权专用结合按视线可见距离控制列车运行和路权混用结合按视线可见距离控制列车运行三种类型。

路权专用结合按信号控制列车运行类型是市郊铁路、地下铁道、高技术标准的轻轨普遍采用的类型；路权专用结合按视线可见距离控制列车运行类型主要适合中低技术标准的轻轨采用；路权混用结合按视线可见距离控制列车运行类型一般只在有轨电车这样低技术标准的轨道系统采用。

（三）按高峰小时单向运输能力分类

根据城市轨道交通系统高峰小时单向运输能力的大小，轨道交通系统可分为高运量、中运量和低运量等类型。

（1）高运量轨道交通系统：高峰小时单向运输能力达到 30000 人以上，属于该种类型的轨道交通系统主要有重型地铁、轻型地铁及中低速磁悬浮系统等。

（2）中运量轨道交通系统：高峰小时单向运输能力为 15000~30000 人，属于该种类型的轨道交通系统主要有微型地铁、高技术标准的轻轨和独轨铁路。

（3）低运量轨道交通系统：高峰小时单向运输能力为 5000~15000 人，属于该种类型的轨道交通系统主要有低技术标准的轻轨、自动导向交通系统和有轨电车。

二、世界主要大城市轨道交通概况

以下从欧洲、美洲、亚洲分别来介绍国外轨道交通的发展概况。

（一）欧洲

欧洲有超过 20 个国家，50 多个城市建设了轨道交通线路。其中西班牙、英国、德国的轨道交通线路总长度超过 500km。表 5-1 为欧洲城市轨道交通线路运营情况统计。

表 5-1　欧洲城市轨道交通线路运营情况统计

单位：km

国家 / 地区	地铁	轻轨	有轨电车	运营里程统计
奥地利	83.3	–	315.7	399
比利时	39.9	–	341.9	381.8
保加利亚	40	–	154	194
法国	267.5	89.9	724.7	1082.1
德国	400.7	–	3214.4	3615.1
希腊	84.7	–	27	111.7
荷兰	141.8	–	290.5	432.3
意大利	156.8	66.327	374.3	597.427
葡萄牙	44.1	–	158.2	202.3
西班牙	440.925	59	271.6	771.525
白俄罗斯	37.3	–	129.4	166.7
丹麦	–	35.9	44	79.9
瑞典	108	–	221.5	329.5
芬兰	35	–	96	131
匈牙利	39.4	–	190.9	230.3
挪威	85	–	160.1	245.1
波兰	32.1	–	1057.4	1089.5

续 表

国家 / 地区	地铁	轻轨	有轨电车	运营里程统计
罗马尼亚	71.4	–	432.7	504.1
俄罗斯	590.7	10	522.2	1122.9
乌克兰	112.8	–	622.9	735.7

注：– 表示查询不到相关数据的确切信息，下同。

欧洲典型的轨道交通城市有巴黎、伦敦、莫斯科等。伦敦轨道交通线路呈放射状布置，共有 11 条地铁线（常被称为 The Tube），总长 408km（伦敦市中心的地铁车辆是在地底运行的，而郊区则在地面运行，其中地面运行线路占 55%），还有 3 条轨道线路分别是伦敦地上铁（London Overground，伦敦的通勤铁路系统，包含 5 条行车线）、码头轻轨（Docklands Light Railway，设有 5 条支线）、伦敦有轨电车（London Tramlink，负责管理由民营企业签约营运）。

（二）美洲

美洲有 10 个国家，超过 50 个城市建设了轨道交通线路。其中，美国的轨道交通线路总长度超过 1700km，位居世界榜首。表 5–2 为美洲城市轨道交通线路运营情况统计。

表 5–2 美洲城市轨道线路运营情况统计

单位：km

国家 / 地区	地铁	轻轨	有轨电车	运营里程统计
加拿大	141.5	94		235.5
墨西哥	258.5	–		258.5
美国	1296.7	35.1		1331.8
阿根廷	56.7	–		56.7
巴西	374.1	–		374.1
智利	140	–		140
哥伦比亚	42.1	–		42.1
秘鲁	34.6	–	–	34.6

续 表

国家 / 地区	地铁	轻轨	有轨电车	运营里程统计
波多黎各	17.2	–	–	17.2
委内瑞拉	63.6	11.2		74.8

美洲具有典型轨道交通网络的城市有纽约、费城、墨西哥等。纽约轨道交通于 1904 年开始运营，共 24 条线路（含 3 条区间线），连接着曼哈顿（Manhattan）、布朗克斯区（Bronx）、布鲁克林区（Brooklyn）和皇后区（Queens），总长度 368km（其中 223km 在地下），车站总数 468 个，是世界上最庞大的轨道交通系统之一。

（三）亚洲

亚洲有 14 个国家，超过 50 个城市建设了轨道交通线路。其中日本的轨道交通线路总长度仅次于美国和中国，位居世界第三。表 5–3 为亚洲部分城市轨道交通线路运营情况统计。

表 5–3　亚洲部分城市轨道交通线路运营情况统计

单位：km

国家 / 地区	地铁	轻轨	有轨电车	运营里程统计
日本	790.6	96.2		886.8
韩国	803.9	57.9	–	861.2
朝鲜	22	–		22
印度	635.77	11.7		647.47
菲律宾	13.75	36.55		50.3
马来西亚	51	91.5	–	142.5
泰国	113.59	23	–	136.59
亚美尼亚	13.4	–	–	13.4
阿塞拜疆	36.7	–	–	36.7
格鲁吉亚	27.1	–	–	27.1

续 表

国家 / 地区	地铁	轻轨	有轨电车	运营里程统计
伊朗	280.2	–	–	280.2
土耳其	217.83	34.63		252.46
新加坡	119.1	79.5	–	198.6

三、我国城市轨道交通的发展概况

我国城市轨道交通的发展历史可追溯到 1908 年上海修建的第一条有轨电车线路，随后有轨电车就相继出现在大连、北京、天津、沈阳、哈尔滨、长春、鞍山等城市。

然而由于历史的原因，我国现代化的城市轨道交通发展较为缓慢，1965 年至 1984 年的 19 年间，共修建地铁三条，总长为 50.9km。1965 年 7 月 1 日，我国第一条地下铁道在北京正式开工修建，到 1969 年 9 月 20 日北京地铁一期工程建成通车。我国第二条地铁——天津“老地铁”，从 1970 年 6 月 5 日开始动工，到 1976 年 2 月先期建设了 3.6km，开通了 4 个车站，实现了第一次试运行；1979 年至 1980 年在原先 3.6km 的基础上又延伸了 1.6km，增加了两个车站；1984 年经过第三次扩建之后，天津“老地铁”才又开通西北角站和西站两个车站。我国第三条地铁——北京地铁 2 号环线于 1984 年 9 月建成通车。

20 世纪 90 年代，由于改革开放的深入进行，国民经济快速发展，我国综合国力得到了大幅度提升，许多城市掀起了兴建城市交通的热潮。当前，我国城市轨道交通进入了一个快速发展期，未来，我国建设城市轨道交通线路将达到 2000~2500km。

以北京地铁为例，奥运会前夕北京新开通了地铁 10 号线、机场线和奥运支线。奥运会期间观赛流、旅游流、通勤流三股客流合一，对奥运期间北京交通形成巨大压力，北京地铁新老线路成功地经受住了奥运的考验。2008 年 8 月 8 日至 24 日北京奥运会期间，北京地铁全路网共运送乘客达 6813.54 万人次，为保障北京奥运交通顺畅运行发挥了重要作用。

北京市轨道交通指挥中心①于 2008 年 12 月 26 日全面投入使用，这标志着北京市轨道交通发展进入网络化运营管理新时代。北京轨道交通指挥中心，是

① 北京市轨道交通指挥中心主要承担本市轨道交通线网运营协调以及应急处置工作，承担轨道交通线网运营信息汇总和统计分析，组织拟订售检票系统的技术标准、管理规范和业务规则，研究提出有关票制、票价调整意见等工作。

目前世界上集指挥调度和票务清算两大功能于一体，规模最大、接入线路最多、智能化水平最高的轨道交通调度指挥中枢。轨道交通指挥中心大厅面积 1300 多平方米，通过显示屏，工作人员可以对已经运营的轨道线路和未来开通的新线路的动态运营情况进行实时监控。指挥中心包括轨道交通路网指挥调度中心、路网票务清算管理中心、14 条轨道交通线路的控制中心及相应的配套设施。

截至 2014 年 12 月 28 日，北京地铁共有 18 条运营线路（包括 17 条地铁线路和 1 条机场轨道），组成覆盖北京市 11 个市辖区，拥有 318 座运营车站（换乘车站重复计算）、总长 527km 运营线路的轨道交通系统。2013 年 7 月日均乘客量 975.03 万人次；2014 年 3 月，工作日日均客运量在 1000 万人次以上，2014 年 4 月 30 日创下单日客运量最高值，达到 1155.95 万人次。

第二节　轨道交通的技术经济指标

轨道交通的技术经济指标是衡量轨道交通运营和管理的重要依据。轨道交通的技术经济指标主要包括运营特性指标、列车及车辆特性、列车正点指标、系统总体性能指标和经济指标。

一、运营特性指标

（1）最大速度（km/h）。最大速度是指列车在路线上运营时的最大车速。

（2）列车最大密度（列 /h）。列车最大密度是指在单位高峰小时内，某条线路上所开行的最大车辆数。它是反映列车服务水平的一个重要指标。其计算公式如下：

$$\rho=3600/\phi$$

式中的 ρ 为列车最大密度，ϕ 为高峰小时内列车的发车频率。

（3）单向客运能力（人次 /h）。单向客运能力是指在一定时间内，轨道交通单方向所能够运输的乘客的总人数。它是反映轨道交通运载能力的重要指标。

二、列车及车辆特性

（1）列车周转时间 θ（min）。列车周转时间是指列车在运营线路上往返一次所消耗的全部时间。其中包含列车在区间运行时间、列车在中间站停留时间，以及列车在折返站作业停留时间。其计算公式如下：

$$\theta_{列} = \Sigma_{t运} + \Sigma_{t站} + \Sigma_{t折停}$$

式中的 $\Sigma_{t运}$ 为列车在运营线路上往返一次各区间运行时间之和（min），$\Sigma_{t站}$ 为列车在运营线路上往返一次各中间站停站时间之和（min），$\Sigma_{t折停}$ 为列车在折返站停留时间之和（min）。

（2）运用车辆数 N（辆、组）。运用车辆数是指为完成日常运输任务所必须配备的技术状态良好的可用车辆数量。其计算公式如下：

$$N= n_{高峰} \cdot \theta_{列} \cdot m/60$$

式中的 $n_{高峰}$ 为高峰小时开行的列车对数（对），$\theta_{列}$ 为列车周转时间（min），m 为平均每列车编成辆数（辆）。

上式也可写成：

$$N= n_{高峰} \cdot \theta_{列} \cdot L/60$$

式中的 L 为每列车内动车组组数（组）。

（3）开行旅客列车数（列）。各种编组的列车在运营线路上行驶一个单程，不论是全程运行还是小交路折返，均按一列计算。列车分别按全日、上行和下行开行列数计算。折返列车数按各折返站分别计算。

三、列车正点指标

（1）列车始发正点率（%）。列车始发正点率是指在一定时期内，正点发出的列车次数在发出列车总次数中所占的比重。列车始发正点率是反映系统工作和服务水平的一个综合性指标。保证列车始发正点是保证按图行车的关键，始发正点率越大越好。

（2）列车运行正点率（%）。列车运行正点率是指在一定时期内正点到达到站的列车次数在到达列车总次数中所占的比重。

四、系统总体性能指标

（1）线路隔离率。线路隔离率是指在一条线路上，隔离路段占全部线路的百分比，线路隔离率越高，对于车辆行驶的速度和运行的安全越有利。

（2）平均站间距。平均站间距是指轨道交通线路上平均两个站之间的距离，不同的轨道交通方式，其平均站间距相差是比较大的。

（3）列车开行间隔时间（min）。列车开行间隔时间是指运营线路上前后运行两列车的时间间隔。开行间隔时间越小，旅客在站滞留时间越短，间隔越小旅客越方便。

五、经济指标

（1）客运收入（元）。客运收入是指运送乘客的全部收入金额。

（2）运营成本（元）。运营成本是指轨道交通系统在日常运营生产过程中实际发生的与运营生产直接相关的所有费用支出。

（3）客运费率。客运费率是指乘客乘坐轨道交通所花费的车费与乘客的收入之间的比例，它反映客运票价的相对高低。其计算公式如下：

$$\gamma = f_{费} / f_{收}$$

式中的 γ 为客运费率，$f_{费}$ 为乘客乘坐轨道交通每 10km 所支付的平均费用，$f_{收}$ 为该地区的平均居民收入。

第三节　城市轨道交通车站现场客流组织

城市轨道交通车站是城市轨道交通路网中一种重要的建筑物，是供旅客乘降、换乘和候车的场所，应保证旅客方便、安全、迅速地进出车站，并有良好的通风、照明、卫生、防火等设备，给旅客提供舒适、清洁的环境。而车站的客流组织则是客流服务工作的一个关键环节。所谓城市轨道交通车站客流组织，主要是指经过对车站设备、设施和空间的分析，根据车站某个时间段的出入站乘客数量预测，制定符合地铁车站实际情况的乘客进站、乘车 / 换乘、下车、出站的疏导、指引方案，以及根据方案进行的车站行车、票务和人员组织。

一、车站客流组织的原则

轨道交通主要通过合理的客流组织来完成其大容量的客运任务。客流组织是通过合理布置客运有关设备、设施并对客流采取有效的分流或引导措施来组织客流运送的过程。轨道交通控制中心负责轨道交通线路的客流组织工作，车站客流组织由站长 / 值班站长负责。

客流组织要完成车站售、检票位置的设置、车站导向的设置、车站自动扶梯的设置、隔离栏杆等设施的设置以及车站广播的导向、售检票数量的配置、工作人员的配备、应急措施等。轨道交通客流组织的目的在于保证客流运送的安全，保持客流运送过程的畅通，尽量减少乘客出行时间，避免拥挤，便于大客流发生时的及时疏散。

不管是何种型式的车站（高架、地下、地面），进站乘客最基本的流线是购票→过检票机→通过楼梯上站台（侧式站台地面站一侧乘客可直接进入站台）→乘车。出站乘客则反之。进、出站流程是两个完全对称的逆向过程。影响客流组织的因素较多，不同类型的车站其客流组织的内容有着较大区别，中小车站的客流组织比较简单，而大车站、换乘站因客流较大、客流方向比较复杂，其客流组织也相对复杂。在大客流的情况下，车站通过合理安排人员做好乘客的疏导、宣传工作，对车站人流进行控制。人流控制应采取由内至外、由下至上的原则，在车站出入口、入闸机处进行人流的两级控制。侧式站台的车站相对于岛式站台的车站更容易将不同方向客流分开，但不利于乘客的换乘，售、检票设置较分散，不利于车站管理。

为此，在进行客流组织时应特别考虑以下几个方面的原则：

（1）合理安排售检票、出入口、楼梯位置，行人流动线简单、明确，尽量减少客流交叉、冲突。保证正常情况下不同站台长度上布置的楼、扶梯，能满足乘客以最短距离进站和出站的要求。

（2）保证乘客换乘其他交通工具顺利。人流与车流的行驶路线严格分开，以保证行人的安全，保证车辆行驶不受干扰。

（3）完善诱导系统，快速分流，减少客流集聚和过分拥挤现象。

（4）均匀布置站台范围内公共区楼、扶梯。

（5）满足换乘客流的方便性、安全性、舒适性等一些基本要求。如适宜的换乘走行距离、恶劣天气下的保护、气候调节、为残疾人专门设计无障碍通道等；又如照明、开阔的视野、突发事件应急系统等。

（6）客流流量控制。如果站台乘客数量大于站台容积能力，就必须进行入闸机控制点的客流控制，同时控制乘客下车进入站台的数量；如果站台乘客数量大于站台容积能力，站厅乘客数量大于站厅容积能力，就必须对出入口控制点进行控制，临时限制或者不允许乘客进站。

二、车站客流组织

城市轨道交通车站客流组织、客流疏导工作应以“流量服从安全”“客流有序、秩序可控、疏散有力”“路网限流、区域联动，节点控制”为原则，以车站的实际客流状况为出发点，采取适当的疏导措施，合理组织客流，保障客流的安全、有序。

车站是轨道交通客流的集散地，一般由出入口及通道、站厅层、站台层、设备用房、管理用房、生活用房等几个部分构成。车站的功能分区一般由付费区、非付费区及设备管理用房几个部分组成。乘客基本都在付费区和非付费区之间流动，这两个区域被分隔栅栏分开，由一个通道连通。地铁车站候车环境主要由地面出入口、站厅、站台三个主要部分组成。

第四节　城市轨道交通行车组织与运营管理

一、城市轨道交通行车组织

（一）列车运行的基本概念

在双线行车情况下，城市轨道交通系统的列车通常是按右侧单方向运行。列车的定义为：以站外运行为目的，按规定辆数编成的车组，并具备规定的列车标志。列车的标志是头部缓冲梁上方两个头灯，显示白色灯光；尾部缓冲梁上方两个尾灯，显示红色灯光。

为保证列车运行的安全，在组织列车运行时，通过设备或人工控制，列车按闭塞分区或站间区间保持间隔距离的办法，称为行车闭塞法。

保持列车间隔距离的方法有两大类：一类是空间间隔法，按一定的空间间隔开行列车，即在区间或闭塞分区内没有列车的时候，才准许驶入列车；另一类是时间间隔法，按一定的时间间隔开行列车，即第一列车发出后，须经过一定时间才发出下一列车。按时间间隔法行车，不易严格保持后行列车和前行列车的安全间隔，如果进路办理疏忽或司机操纵不当，容易发生追尾事故。因此，城市轨道交通线路在正常情况下采用空间间隔法行车。只是在特殊情况下，才准许采用时间间隔法，而且要有安全保证措施。

在自动闭塞线路上，基本行车闭塞法为自动闭塞法，实行行车指挥自动化或调度集中控制；当基本闭塞设备不能使用时，根据行车调度员的命令改为电话闭塞法；在电话中断时，可按时间间隔法行车。

各站的行车工作由行车调度员统一指挥。车站和车辆段行车工作分别由车站行车值班员、车辆段信号楼值班员指挥。列车由值乘司机指挥，列车在车站时，所有乘务人员应按车站行车值班员的指挥进行工作。

行车调度员是日常运输工作的具体组织者、指挥者，对实现列车运行图和完成运输工作的指标负有重大责任。所以，所有行车有关人员必须执行行车调度员的命令，服从其调度指挥。

（二）列车运行调整方法

组织列车正点始发是保证列车正点运行和实现列车运行图的基础。对始发列车，行车调度员应在列车出库、列车折返交路和客流情况等方面进行具体掌握和组织，以保证正点发车，列车在始发站发车早点不应超过 1 分钟。

在列车运行晚点时，行车调度员应根据列车运行的实际情况按规定的列车等级顺序进行调整，对同一等级的旅客列车可根据列车的接续车次和乘客多少等情况进行运行调整，尽可能在最短时间内使列车恢复按图运行。

（三）特殊情况下列车运行组织

1. 列车自动控制系统故障时的行车

在采用 ATC 系统[①]情况下，由 ATS 子系统完成列车运行的控制任务，行车调度员只起监控作用；列车根据 ATP 子系统提供的信息，由 ATO 子系统自动驾驶运行。

在 ATC 系统发生故障时，行车指挥方法和列车运行控制方式改变如下：

（1）ATS 子系统发生故障，改为调度集中控制，行车调度员人工控制全线的信号与道岔，办理列车进路，调整运行秩序。

（2）ATP 地面设备发生故障，因 ATO 车载设备接收不到限速命令，无法按自动闭塞法行车。此时，如是小范围的设备故障，可由行车调度员确认故障区间空闲后，向司机发布命令，列车在故障区间限速运行；如是大范围的设备故障，须停止使用自动闭塞法，改为车站控制，实行电话闭塞法行车。

（3）ATP 车载设备发生故障，因故障列车无法接收限速命令，该列车司机应按调度命令，人工驾驶限速运行。

（4）ATP 子系统和车站通信设备同时发生故障，用时间间隔法行车。

（5）ATO 子系统发生故障，列车改为人工驾驶，在 ATP 车载设备的监护下，按车内速度信号显示运行。

2. 改为车站控制时的行车

凡发生下列情形之一时，根据行车调度员的命令，由调度集中控制改为车站控制：

（1）对所管辖的道岔或信号失去了控制作用。

（2）表示盘上失去了复示作用或不能正确复示。

（3）停止使用自动闭塞法。

（4）清扫道岔。

（5）列车运行或调车有关工作必须由车站办理。

当调度集中控制改为车站控制时，在行车调度员的指挥下，由车站行车值班员办理闭塞，准备进路，开闭信号，接发列车。

---

① 列车自动控制（Automatic Train Control，简称 ATC）系统包括四个子系统：列车自动防护（Automatic Train Protection，简称 ATP）、列车自动运行（Automatic Train Operation，简称 ATO）、列车自动监控（Automatic Train Supervision，简称 ATS）、计算机联锁系统。

3. 改用时间间隔法时的行车

由于自然灾害或其他原因使车站一切电话中断，车站行车值班员无法与控制中心、邻站取得联系，为了不间断行车，双线区间可改用时间间隔法行车。此时，行车作业办法与要求如下：

（1）车站行车值班员指定改用时间间隔法的第一趟列车司机，将实行该行车法的情况通知有关车站。

（2）除线路两端折返站外，中间站道岔一律置于正线列车运行位置，如车站行车值班员无法在控制台上确认道岔位置或转换道岔，必须随车就地确认或办理。

（3）出站信号机显示为停车信号，列车进入区间的行车凭证为红色许可证，手信号发车。

（4）两列车的间隔时间和列车运行速度应符合要求。

4. 夜间施工时的行车

夜间施工是城市轨道交通系统生产活动的重要组成部分。运输调度部门既要按照批准的施工计划，保证设备维修更换、线路扩建工程等夜间施工任务顺利完成，又要保证次日运输生产能正常进行。为此，夜间施工时的行车应按有关作业办法与要求组织。

二、城市轨道交通运营管理

（一）轨道交通运营管理模式

轨道交通的运营管理模式在世界各国呈现出多样化的趋势。由于世界各个城市发展轨道交通的历史条件和经营环境不同，形成各种各样的城市轨道交通管理模式。按资产属性及运营企业性质划分，世界城市轨道交通的运营管理模式主要可分为以下四种：

（1）有竞争条件下的公办公营模式。有竞争条件下的公办公营模式，线路为政府所有，两家或两家以上的运营单位通过招标方式获得经营权。

韩国首尔采用了这种模式。首尔的轨道交通系统由政府出资修建，并委托国有企业运营；在同一个城市内有两家以上的轨道交通运输企业，它们通过招投标的方式获得新线路的建设及经营权。

有竞争条件下的公办公营是一种带有计划性质的市场竞争。在此模式下，政府作为业主给企业的补助较为优厚，公办性质的企业不能过分重视利，所以票价带有福利性；但是由于创造了一定的竞争环境，客观上提高了企业的主观能动性。

（2）无竞争条件下的公办公营模式。无竞争条件下的公办公营模式，线路为政府所有，一家单位独家经营或两家以上单位按行政区域划分经营范围。

伦敦、纽约、北京、广州、柏林、巴黎的地铁运营管理都属于这种模式。这种模式的特点是城市轨道交通的运营者由政府指定，政府给予相应的补贴。

例如，纽约的地铁系统在纽约市运输局（Metropolitan Transportation Authority，简称 MTA）的管理之下。MTA 是纽约州政府的下属机构，负责管理纽约市内的公共交通系统。MTA 的董事会成员基本都由纽约州政府指定，其余成员由纽约市市长或郊区各县的官员指定。自 1950 年以来，纽约的所有轨道交通系统的资金补助都来自市政府、州政府和联邦政府的拨款；运营费用占总拨款的 65%，不足的部分由州和联邦政府用税收收入补贴。

欧美国家多采用无竞争条件下的公办公营的管理模式，主要是因为欧美国家的轨道交通系统客流密度比较低，系统少有营利的可能性。这些城市一般由非营利性的公共团体代表政府管理城市轨道交通，票价带有极大的福利性，运营收入不能抵偿运营成本，主要靠补助金支持日常开销。

（3）公办半民营模式。公办半民营模式，线路为政府所有，交由政府股份占主导地位的上市公司经营。

中国香港地铁的运营管理采用这种模式。香港地铁公司是一家上市公司，它的第一大股东为香港政府。虽然是市场化运作，但是香港政府为地铁公司提供担保，从多个方面干涉地铁公司的经营。因此，香港地铁不能算是完全民营的模式，只能算作半民营。政府委任有关人员组成香港地铁公司董事局后，就让其按商业原则运作。政府主要靠法律手段规范市场主体的行为。2000 年，香港政府又对地铁公司进行股份制改造，让高层主管及员工持股。该公司 10% 的股份通过上市私有化。

（4）公办民营模式。公办民营模式，线路为政府所有，交由民间股份占主导地位的上市公司经营。

新加坡的地铁运营管理属于这种模式。新加坡快速轨道交通公司负责新加坡地铁的运营，公司的最大股东为一家私人企业。新加坡国土运输局拥有轨道交通的所有权和建设权并承担建设费用。国土运输局（Land Transport Authority，简称 LTA）是新加坡轨道交通系统的建设者和所有者，同时还是运输规则的制定者。它制定规则确保系统的正常运营和养护维修等工作。LTA 通过与新加坡地铁公司（SMRT）签订租借合同授予 SMRT 地铁线路的经营权，并对 SMRT 的运输行为进行约束。

（二）运营管理的主要内容

（1）调度指挥管理。调度指挥工作是城市轨道交通系统的核心，它由调度控制中心实施，实行高度集中，统一指挥，使各个环节协调运作，保证列车安全、正点运行。在调度机构内，设有行车调度、电力调度、环控调度、维修调度等调度工种。

（2）车站管理。车站是城市轨道交通系统的重要组成部分，是企业与服务对象主要的联系环节。车站管理的核心任务是安全、迅速、方便地组织客流集散，并做好行车组织工作。车站管理模式采用值班站长负责制，负责当班期间车站的行车客运、票务、卫生等工作。

（3）票务管理。城市轨道交通运营收入主要是票款收入，做好票务管理工作有利于城市轨道交通发展进入良性循环的轨道。票务管理工作的核心是制定票制、票价和售检票管理。城市轨道交通的票制有单一票价制、分段计程票价制和综合票价制。票价制定要根据城市轨道交通运营成本、其他交通方式票价水平、城市经济发展和市民生活水平等因素综合考虑。售检票方式主要有人工售检票方式和自动售检票方式。人工售检票方式设备投资少，但需要较多人员。随着经济和技术的发展，越来越多的城市轨道交通采用了自动售检票系统，它不仅可以方便乘客，减少运营人员和运营成本，而且对客流组织、收入审核、决策分析起着重要作用。它已成为现代化城市轨道交通的一个标志。

（4）运营设备维修管理。运营设备维修管理是运营管理的重要组成部分。它的任务是保证各项设备系统以良好的状态投入运营。只有提高系统的可靠性，减少故障发生，保证运行畅通，才能充分发挥城市轨道交通安全、快捷的优越性。

第五节　城市公共交通的服务质量评价

本节以城市轨道交通服务质量评价为例，论述如何进行城市公共交通的服务质量评价。

2019 年 4 月 8 日，交通运输部印发《城市轨道交通服务质量评价管理办法》（交运规〔2019〕3 号），明确城市轨道交通服务质量“评价内容包括乘客满意度评价、服务保障能力评价及运营服务关键指标评价三个部分”，意味着乘客满意度成为地铁服务质量评价的重要组成部分。

地铁客流量较大，如何提高服务质量也成为地铁运营的关键所在。近年来，国内不少专家学者对影响地铁服务质量的因素开展研究，但他们的研究方向大多是从地铁或地铁车站服务供给方面进行的，较少从乘客满意度的角度进行。

下面以服务量表为基础，结合地铁服务质量特性，以南宁地铁线路为例，对影响地铁服务质量主要因素从乘客感知的角度进行调查分析，并提出对策。

一、 地铁服务质量特性

以乘客乘车流程为主线，南宁地铁服务流程如下：引导乘客进站、排队购票、安检、进闸机（验票）、站台候车、乘车、站内换乘、出闸机（补票）、出站。整个服务过程以乘客自助服务为主，人工服务为辅，地铁服务质量受设备、人员、环境等因素综合影响。

结合服务流程与乘客需要，地铁服务质量特性具体表现为：

（1）响应性。主要体现在工作人员是否能对乘客提供主动、及时的服务响应，减少乘客的等待时间。

（2）舒适性。指乘客进入地铁站后对候车环境和列车运行以及对车站的整体感知。

（3）便捷性。主要表现在出行中乘客是否能获得方便快捷的服务。

（4）可靠性。即稳定可靠地提供服务，无出错。

（5）安全性。即保护地铁乘客人身、财产免受危险。

二、基于 SERVQUAL 模型的地铁服务质量评价指标体系

（一）服务质量评价工具

作为服务质量评测的经典模型，SERVQUAL 量表将服务质量分为五个维度：有形性、可靠性、响应性、保障性和移情性。每个维度又分为多个指标；然后由顾客对各指标问题的期望值、实际感知值逐一打分，计算两者之差，得出差距分值后，得到服务质量评价结果。

计算公式：SERVQUAL 服务质量表总体得分（SQ）= 实际感知服务质量（Pi）- 期望服务质量（Ei）。即：SQ=Pi-Ei。

当 Pi ＞ Ei，SQ ＞ 0，表示服务满足期望，顾客感到满意；

当 Pi = Ei，SQ=0，表示服务满足期望，顾客感到满意；

当 Pi ＜ Ei，SQ ＜ 0，表示服务未达到期望，顾客感到不满意。

根据计算结果，SQ 值大于零并且值越大，乘客满意度越高；SQ 值小于 0，则乘客不满意。

（二）地铁服务质量维度和评价指标体系的确定

地铁服务质量评价维度的建立应将乘客在乘坐地铁时的主观感知作为出发点，才能反映乘客在乘坐地铁过程中感知到的各项服务的效果。针对地铁服务质量特性，将原有的五个维度修改为“响应性、舒适性、便捷性、可靠性、安全性”，细化出 23 项指标，从而确定评价指标体系。见表 5–4。

表 5–4　地铁服务质量评价量表

维度	项目编号	指标
响应性	①	地铁服务人员仪容仪表整洁大方，着装统一
	②	地铁服务人员的服务态度（包含责任心、主动性、行为表情、耐心等）
	③	地铁服务人员能及时准确地回答乘客咨询的问题
	④	乘客需要帮助时，地铁服务人员能及时提供帮助
	⑤	地铁服务人员在突发情况下应急措施处理得当
舒适性	⑥	地铁列车运行平稳
	⑦	列车停站时上下车秩序良好
	⑧	地铁车站内和列车内卫生干净整洁
	⑨	地铁车站内和列车内拥挤情况较少
便捷性	⑩	列车进出站时间短
	⑪	购票机、市民卡充值机操作简单方便易懂，排队等候时间短
	⑫	早晚高峰、非高峰时间的列车发车间隔时间合理
	⑬	地铁车站内换乘方便，换乘标识和换乘方向指引明确清晰
	⑭	地铁线路设计合理，换乘公交汽车或其他交通工具方便
可靠性	⑮	站内候车时能够及时提供列车到达时间，列车准点到站
	⑯	地铁车站内和列车内的广播报站内容及时准确
	⑰	地铁车站内指引乘车方向的标志清晰、准确
	⑱	验票机进出站时感应单程票和市民卡、手机识别的灵敏度
安全性	⑲	进出地铁站秩序状况好

续 表

维度	项目编号	指标
安全性	⑳	在站台候车时乘客能自觉按照标识排队候车
	㉑	车站内紧急疏散标识清晰醒目
	㉒	屏蔽门和列车门即将开关门时提前通知的准确性和及时性（广播/闪灯等提示）
	㉓	地铁车站内和车厢内治安状况良好，无偷抢情况

三、服务质量评价与影响因素分析

（一）问卷设计与实地调查

为方便乘客能够做出主观合理的评价和后续的整理，调查问卷评分采用5级评分，服务质量期望问卷调查评价分值为：非常不重要记1分、不太重要记2分、一般记3分、比较重要记4分、非常重要记5分。服务质量实际感知期望问卷调查评价分值为：非常不满意记1分、不太满意记2分、一般记3分、比较满意记4分、非常满意记5分。

总共发放200份调查问卷，被调查者中男性98人，占49%，女性102人，占51%，乘坐地铁的男女比例均衡。乘坐地铁的主要群体为18岁至30岁之间（所占比为90%），31岁以上样本比较少，因为在请求填写问卷时被拒绝较多。从职业而言，乘坐地铁的人群为学生和上班族居多。

（二）地铁服务质量评价

根据SERVQUAL模型的计算公式计算出23个指标的差距值分数，如表5–5所示。并以加权平均法计算得出每个维度的差距值分数，直观得到服务质量评价的基本情况。由表5–6可知，每个维度的服务质量测评分值均小于0，说明地铁乘客在各维度的感知中都未达到期望，服务质量提升势在必行。

表5–5 服务质量指标得分统计表

维度	题目	实际感知	期望	差距
响应性	地铁服务人员仪容仪表整洁大方，着装统一	4.1	4.2	−0.1

续　表

维度	题目	实际感知	期望	差距
响应性	地铁服务人员的服务态度（包含责任心、主动性、行为表情、耐心等）	4.06	4.38	−0.32
	地铁服务人员能及时准确地回答乘客咨询的问题	4.03	4.42	−0.39
	乘客需要帮助时，地铁服务人员能及时提供帮助	4.09	4.51	−0.42
	地铁服务人员在突发情况下应急措施处理得当	4.07	4.63	−0.56
舒适性	地铁列车运行平稳	4.17	4.47	−0.3
	列车停站时上下车秩序良好	3.67	4.49	−0.82
	地铁车站内和列车内卫生干净整洁	4.14	4.52	−0.38
	地铁车站内和列车内拥挤情况较少	3.46	4.1	−0.64
便捷性	列车进出站时间短	3.79	4.08	−0.29
	购票机、市民卡充值机操作简单方便易懂，排队等候时间短	3.87	4.41	−0.54
	早晚高峰、非高峰时间的列车发车间隔时间合理	3.72	4.37	−0.65
	地铁车站内换乘方便，换乘标识和换乘方向指引明确清晰	3.98	4.51	−0.53
便捷性	地铁线路设计合理，换乘公交汽车或其他交通工具方便	3.96	4.47	−0.51
可靠性	站内候车时能够及时提供列车到达时间，列车准点到站	4.14	4.44	−0.3
	地铁车站内和列车内的广播报站内容及时准确	4.18	4.5	−0.32
	地铁车站内指引乘车方向的标志清晰、准确	4.06	4.54	−0.48
	验票机进出站时感应单程票和市民卡、手机识别的灵敏度	3.87	4.48	−0.61
安全性	进出地铁站秩序状况好	3.89	4.44	−0.55
	在站台候车时乘客能自觉按照标识排队候车	3.74	4.41	−0.67
	车站内紧急疏散标识清晰醒目	3.98	4.6	−0.62
	屏蔽门和列车门即将开关门时提前通知的准确性和及时性（广播 / 闪灯等提示）	4.16	4.57	−0.41

续 表

维度	题目	实际感知	期望	差距
安全性	地铁车站内和车厢内治安状况良好，无偷抢情况	4.16	4.51	−0.35

表 5–6 五个维度服务质量得分表

维度	实际感知平均值	期望平均值	差距值
响应性	4.07	4.43	−0.36
舒适性	3.86	4.40	−0.54
便捷性	3.86	4.37	−0.51
可靠性	4.06	4.49	−0.43
安全性	3.99	4.51	−0.52

四、服务质量评价与影响因素分析地铁服务质量提升策略

（一）乘车秩序与指引标识

（1）加强乘客进入站台候车的乘车秩序引导。合理规划乘客的上下车路径能有效避免对冲客流情况的发生，节省乘客的上下车时间，提高效率，或者根据进站客流预测和实际客流情况，在客流量较大的站点（以南宁地铁为例，如火车站、朝阳广场站、广西大学站、火车东站等）多增加地铁服务工作人员对站台候车的乘客进行疏导。将地铁候车排队指示标识贴在地面上，不能引起乘客的注意，地铁站应将候车排队指示标识贴在滑动门两侧，或加强广播提示和乘车文明宣传，使乘客形成先下后上的良好行为习惯。

（2）增加地铁站的指引标识的清晰度和醒目度。在乘坐地铁的过程中，导向标识指引着乘客的出行并贯穿全程，起到了告知乘客信息的作用。因此，为提高导向标识的实用性，地铁运营企业应当不断加强地铁车站内外指引导向标识的建设，从而方便乘客乘车，应从乘客的角度出发建立标识。地铁运营企业可以邀请极少乘坐地铁或者没有乘坐过地铁的各阶层和各年龄段的市民进行试乘，收集建议，完善导向标识设置，提升导向标识的实用性。

（二）地铁站的信息服务和治安

（1）加强车站内和列车内的广播提示。信息服务主要体现在车站内和列车内的广播提示列车内的广播给乘客带来提醒作用，即将到站时会播放广播以防乘客下错车；车站内的广播提醒乘客人身安全和在列车即将进站时乘客能提前做好准备。地铁站应当加强广播语音提示，尽量避免乘客上错车、下错站、坐

过站等情况出现。例如，南宁地铁站可以采用“三语”报站的方式，即普通话、英文、白话。因为白话属于南宁特色，一是增加本土特色和保护白话文化，二是方便一些老年人出行。

（2）车厢内出现不文明举动和妨碍乘客。在治安方面建议地铁公司增强车站治安状况，在能力范围内于列车车厢里安排一名工作人员进行巡逻，可以减少偷抢情况的发生，对某些乘客在乘坐地铁时的不文明举动和妨碍其他乘客的行为进行制止。例如，某地铁线路曾出现乘客在列车内向其他乘客进行乞讨的行为，并在车厢内用喇叭设备唱歌，影响了其他乘客。据调查了解，此类情况已经不是第一次发生，后实施加强车厢内工作人员巡逻等措施，有效地杜绝了此类情况的发生。

（三）地铁车站的服务能力

影响地铁服务能力的因素表现在工作人员服务态度方面，定期安排地铁服务工作人员变换工作站点，使其始终保持工作的新鲜度和积极性；加强一线服务工作人员业务能力的提升和服务意识的培养；掌握专业知识和相关知识，使工作人员主动、热情地为乘客提供服务，使乘客获得良好的服务体验。

（四）地铁站的服务效率

（1）购票排队时间长，部分乘客不会购票。考虑到地铁站人流量大，应在客流量较大的地铁站站厅增加洗手间，方便乘客和地铁工作人员。为方便购票，可在站厅增加售票机或推广手机 App，例如“南宁轨道交通 App”和“爱南宁 App”，刷二维码进出站或蓝牙识别即可进出站；推广云闸机，可实现扫码入闸、付费出闸；推广网络购票，可以在车站内增加网络取票机（FAM）等，提高乘客出行效率。对于不会购票的乘客，可以在售票机旁设立简易的购票操作流程图或购票视频（中/英文），使得乘客能及时获得帮助，减少工作人员的重复工作。

（2）客流高峰时安检速度慢。在节假日之前可以对客流进行预测或根据实际客流情况（例如每天固定时段的早晚高峰期）安排安检工作。可以对安检位置进行合理的调整或适当增加安检人员，疏导乘客前往站内其他安检点；增加快速安检通道，通过分流安检，减少乘客排队安检的时间；可以在安检点位置或者上方安装显示屏，播放视频分散乘客的注意力。在节假日客流量很大的情况下，可采取限流措施缓解车站和安检压力。

（3）节假日和高峰期的发车间隔。节假日和早晚高峰期时在能力范围内缩小行车间隔时间，增加班次，提高运载量或者在站台内适量增加候车座椅，还可以在乘客候车时播放轻音乐，舒缓乘客的候车疲劳。

第六节 轨道交通发展情况及建议

城市轨道交通是重要的城市基础设施产业。自2008年以来，我国城市轨道交通快速发展的同时也暴露出不少问题。从长期来看，我国城市轨道交通仍将保持快速增长，但在节奏上将有所放缓。制式结构也将从以地铁为主的单一制式向多制式转变。

一、我国城市轨道交通发展现状及发展趋势

（一）城市轨道交通属性特征

（1）投资规模大，沉淀成本高。城市轨道交通单位造价高、投资强度大。平均每公里地铁建设成本约7亿元，平均单体项目投资150亿元左右。另外，城市轨道交通固定资产投资基本用于线路桥隧、通信信号、牵引电力、车站建筑以及机车车辆购置等方面。资产专用性强，位置也相对固定，很难转作他用或移到其他地方，巨大的投资几乎都形成沉淀，成本而难以变现。

（2）公益属性强。城市轨道交通作为交通基础设施，具有较强的公益性特征，对改善城市投资环境、缓解城市交通压力、带动房地产开发，都起到了巨大作用，具有很强的正外部性。但是，城市轨道交通面向大众提供基本交通服务公益性强，使用者支付的价款普遍由政府严格管制，且对完全成本覆盖率低，需要较多的政府补贴。

（3）地方事权。长期以来，我国对城市轨道交通建设实行较严格的审批制度，但项目的投资建设、运营管理、运营补贴等均由所在城市的地方政府负责。2013年简政放权改革后，国家发展改革委不再直接审批轨道交通项目，而是审批各地轨道交通规划，进入规划的项目由省级投资主管部门按照国家批准的规划核准。《国务院办公厅关于进一步加强城市轨道交通规划建设管理的意见》（国办发〔2018〕52号）（以下简称“52号文”）提出坚持“国家统筹、省负总责、城市主体”的原则，国务院有关部门要加强对城市轨道交通规划建设工作的统筹和指导，省级政府有关部门对建设规划实施履行全过程监管责任，城市政府对项目建设和本级政府债务风险管控负主体责任。

（二）我国城市轨道交通发展总体情况

近10年是城市轨道交通突飞猛进的发展时期。中国城市轨道交通协会的资

料显示，2008—2017 年城市轨道交通投资年均增长 17.2%，2017 年达到 4762 亿元。截至 2017 年年底，共有 34 个城市开通城市轨道交通并投入运营线路 165 条，运营里程约 5033 公里，共有 62 个城市的城轨交通线网规划获批规划，线路总长 7321 公里。预计 2020 年年底开通城市将达到 40 个，运营里程 7000 公里。在制式结构上，我国城市轨道交通以地铁为主，以轻轨、市域快轨、现代有轨电车等制式为补充的多制式发展格局初步形成。2017 年年底，已建设地铁 3884 公里，占比 77.2%；其他制式合计 1149.3 公里，占 22.8%。其中，拥有两种及以上制式投运的城市有 16 个，占比 47.1%。

（三）影响城市轨道交通发展的外部因素

（1）国家大力支持轨道交通产业发展。党的十九大明确提出建设“交通强国”，国家将轨道交通产业作为大力支持发展的战略性新兴产业。国家发展改革委《增强制造业核心竞争力三年行动计划（2018—2020 年）》明确将“时速 160 公里中速磁悬浮列车”和“新一代时速 600 公里高速磁悬浮列车”列为重点领域和重点任务。城市轨道交通作为轨道交通的重要组成部分，在国家大力支持发展下，未来仍有较大的市场空间。

（2）城镇化快速推进，为城市轨道交通提供了广阔空间。随着城镇化推进和经济持续发展，城市客运量大幅增加。在一些特大城市，交通拥堵问题越来越严重，地面公共交通系统已不能适应我国城市发展的实际需求，解决城市交通特别是大城市交通拥堵问题十分重要。而城市轨道交通占地少、能耗低、排放少，在资源节约、环境保护和运输效率等方面具有很大的比较优势，合理规划建设城市轨道交通，不仅能够有效缓解城市交通的拥堵问题，而且对国家节能减排目标的实现和促进城镇化快速发展都有积极的作用。

（3）打赢蓝天保卫战要求调整交通运输结构，鼓励发展城市轨道交通。打赢蓝天保卫战是党的十九大做出的重大决策部署，事关经济高质量发展。国务院常务会议强调调整运输结构、提高综合运输效率，降低全社会物流成本，对提升实体经济竞争力至关重要。城市轨道交通是相对节能环保、占地少的方式，是鼓励发展的方向，加快城市轨道交通、公交汽车专用道等大容量公共交通基础设施建设，对于优化交通运输结构十分重要。

（4）国家严控地方债务风险，减缓城市轨道交通发展速度和节奏。“52 号文”强调要进一步加大财政约束力度，按照严控债务增量、有序化解债务存量的要求，严格防范因城市轨道交通建设新增地方债务风险，这是在防范化解重大风险的背景下提出的。可以防止地方债务风险，避免轨道交通投资过热。同时，也由于地方债务风险增加，国家发改委紧急叫停了一些地铁建设项目，城市轨道交通发展的速度将减慢，节奏将放缓。

（四）城市轨道交通发展方向及发展重点

未来城市轨道交通发展将呈现以下变化：

（1）建设规模仍将快速增长，但随着“52 号文”的公布，对城市轨道交通申报门槛的要求提高，一些规划内的在建、拟建项目会停建或缓建，城市轨道交通建设节奏也将随之放慢。

（2）制式结构多元化，以地铁为主，向多制式转变。既满足需要，又更加经济适用的制式成为发展方向，但在很长一段时间内，地铁仍然是最主要的制式。

（3）城市轨道交通发展侧重点有所变化。结合国务院发布的城市等级标准，对于城区常住人口 500 万以上的特大超大城市，城市轨道交通发展的重点是“加密”。在优化完善既有网络的同时，打造一体化高品质的城市轨道交通系统。对于城区常住人口 300 万 ~500 万的Ⅰ型大城市，城市轨道交通发展的重点是“建设骨干网”，即构建以轨道交通为骨干的公共交通系统；对于城区常住人口在 150 万 ~300 万的Ⅱ型大城市，重点是构建主客流走廊的城市轨道交通骨架，因地制宜地发展单轨等相应制式的轨道交通系统。

二、我国城市轨道交通发展存在的问题

（一）科学规划工作仍需进一步加强

（1）规划体系有待进一步完善。2013 年简政放权改革后，按照发改基础〔2015〕49 号规定，城市轨道交通规划包括线网规划和建设规划，线网规划是城市轨道交通长远发展的总体性方案，是建设规划的重要依据，建设规划要以线网规划为基础，是近期（5—6 年期）建设项目安排的实施性方案，建设规划必须符合线网规划。“52 号文”要求除有轨电车外，其他制式的城轨必须纳入建设规划，但是从城市轨道交通发展的实际看，有些典型的带状城市没有满足城市轨道交通线路成网的需求，在城市中心如果能建一条城轨线路，将很好地解决城市拥堵问题。在现行规划体系下，一些城市为了建设某条线路刻意放大需求，编制不符合实际的线网规划。

（2）缺乏城市轨道交通技术政策指引。目前对城市轨道交通制式的分类不是按照同一标准区分，其中地铁和轻轨主要以载客量为标准进行区分，而磁浮、单轨等是按照技术特征进行区分。在实际中对于各种制式的运能、技术可靠性、成本以及适用条件等没有明确的技术政策指引，致使各地在编制城市轨道交通规划时比较盲目，容易出现规划不符合实际需求及能力的情况。

（3）合理的线网布局应该在城市轨道交通线网规划阶段解决，但是城市轨道交通线网规划的编制流于形式，以工程建设为导向的规划编制缺乏与城市未

来发展的结合，对客流需求缺乏有效的支撑，致使在轨道交通建设阶段发现很多没有在规划阶段解决的问题，对城市的发展造成了不可挽回的损失。另外管理体制的制约使得城市轨道交通建设规划与其他交通方式建设规划之间难以进行有效的衔接，这在一定程度上也造成了交通资源的浪费。

（二）“贪大求洋”城轨规划建设与实际需求和能力不符

（1）许多城市基于过分追求规模目标的要求而忽视了城轨开通带来的经济效益问题。城市轨道交通是准公共产品，如果没有客流支撑，城轨建成运营后将会为地方财政带来巨大的负担。在“52 号文”颁布以前，对建设地铁和轻轨的初期客流强度并没有要求。部分城市超前规划建设轨道交通线路，虽然实现了短时间内运营里程快速增长的目的，但是客流量上不去，客运收入低下，既违背了建设城市轨道交通解决城市拥堵、承担城市大运量公交客流的初衷，又给地方财政带来了沉重的负担。据统计，截至 2017 年年末，全国城市轨道交通平均客运强度为 0.81 万人 / 日公里。

（2）部分城市建设城轨交通未充分考虑自身的财政能力，以 PPP① 名义明股实债。大规模推动城市轨道交通 PPP 项目导致债务负担沉重，财务杠杆率过高，形成较大的政府债务风险。目前被叫停城市轨道交通建设的包头、沈阳、昆明等城市都是因为地方债务问题。

（3）部分城市在制式选择上过分注重求新和求全。既要引入新技术，又要求各种制式都有，其中一些城市是为了扶持产业发展，避开申请地铁建设的门槛，要求刻意追求新制式。目前有几个城市的单轨都还处于试验线阶段，投入运营还需要大量的资金和技术论证。

（三）PPP 运作不规范导致较大的地方债务隐患

2014 年以来，PPP 成为城市轨道交通项目建设的主要模式，城市轨道交通进入前所未有的大规模建设期，但同时也暴露出一些问题。PPP 成为部分地方政府违规变相举债的工具，地方债务隐患急剧增加。2017 年年初，财政部要求核查的武汉轨道交通 8 号线一期 PPP 项目，社会中标方是 3 家银行组成的联合体，它们只拿固定回报，不承担 PPP 的任何风险，是典型的明股实债。还有苏州轨道一号线 PPP 项目和青岛地铁 1 号线 PPP 项目的社会中标方都是银行。问题的核心并不在于金融机构作为社会资本中标方，其本质在于交易结构安排将项目风险几乎都集中在政府身上，这既会加重地方政府债务风险，也不符合推行 PPP 的初衷和原则。

---

① PPP：Public-Private Partnership，又称 PPP 模式，即政府和社会资本合作，是公共基础设施中的一种项目运作模式。

（四）政策支持力度不够

一方面，轨道交通 PPP 项目具有投资运营期限长、资金回收慢、回报不高，但现金流较为稳定等特点，该类项目初期一次性投资较大，需要社会资本具有较大的融资能力，目前金融政策难以满足社会资本投资建设城市轨道交通的需要；另一方面，缺乏土地政策支持。由于城市轨道交通投资巨大、公益性特征明显，除港铁外，国际上单纯依赖政府公共财政投入与补贴和轨道交通票款收益，能够维持城市轨道交通建设与营运财务平衡的几乎没有。港铁除轨道交通主业收入实现略微盈利外，将轨道交通建设运营与沿线土地、房地产开发以及后期物业营运捆绑起来实现业务盈利。但是由于现行土地制度规定商业用地必须经过招拍挂程序才能转让给私营公司，所以在签订 PPP 项目协议时难以将土地综合开发权赋予项目的投资方。

三、促进城市轨道交通高质量发展的政策建议

（一）加强规划管理的科学性、合理性和前瞻性

（1）对于没有需求建立城轨线网的城市，结合城市人口、GDP、地方财政收入、客流需求、客流强度预测等实际情况，经系统研究、专家论证、公众参与，对于确实有需求建立单条城轨线路，地方财政能力满足条件并且客流强度达到要求的应予以批准。

（2）研究制订城市轨道交通技术政策指引，明确各种制式的技术特性、运能、成本，以及适用条件，作为城市编制城市轨道交通规划的技术指南，增加规划的科学性，减少盲目性。

（3）城市轨道建设规划在科学合理的同时要具有一定的前瞻性。“52 号文”对地铁建设提出城市人口、财政收入和 GDP 的门槛要求，对轻轨只是要求近期客流强度和远期客流。一些城市目前虽然城市人口指标达不到 300 万人，但是有可能很快突破 300 万人，并且预期确实有较大的客流需求的，不应为了尽快建设城轨项目而选择中低运量的轻轨系统，而应在对城市人口及客流情况进行充分预测后，充分论证交通需求量级，适时合理规划城轨线路。

（4）要重视城轨交通线网规划的编制，不能使规划流于形式，而应真正使其成为指导城市轨道交通长远发展的总体性方案。要坚持多规融合，加强城市轨道交通规划与城市规划、综合交通体系规划等的相互协调，构建多模式、一体化的完整公共交通体系。

（二）规范城市轨道交通 PPP 运作

（1）应尽快梳理现有的基础设施和公共服务领域，开展 PPP 的相关法律规章，建立适应城市轨道交通行业特色的 PPP 模式标准规范。

（2）设置合理的风险分担利益共享机制。项目不论选择何种 PPP 操作模式，政府与社会资本建立合作伙伴关系是核心，必须设置合理的项目风险共担、收益共享机制。在风险分担方面，要界定政府和企业各自的责任，合理分配项目风险，其中项目设计、建造、财务和运营维护等商业风险由社会资本承担，法律、政策和最低需求等风险由政府承担，不可抗力等风险由政府和社会资本合力共担。在利益共享方面，要保障社会投资者取得合理的投资收益，但是也要防止社会资本取得过高收益。

（3）加强政府部门开展 PPP 能力建设。在项目开展 PPP 的过程中，政府要参与项目的筛选招标、合同管理、监管等，这就要求政府具备多方面的专业能力和相对稳定的政策。政府应强化 PPP 人才知识储备，在与社会资本进行合作时能够认清项目风险，同时使合作各方都取得最大收益。

（三）因地制宜促进多制式发展

过去城轨交通建设的关注点都集中在城市中心人口密集区，重点以地铁的形式为主。当今城市轨道交通建设正从超大城市、特大城市逐步扩大到周边城镇、大中城市，从一、二线城市逐步扩大到三、四线城市，从以建设地铁为主逐步过渡到地铁、轻轨、单轨、有轨电车、市域快轨等多种制式协调发展。对于北上广等特大、超大城市来说，经济体量大、人口规模大且土地资源紧张，而且城市轨道交通发展基本成网，未来发展的重点是在骨干网及周边进行加密，应以大运量的地铁为主，结合其他制式。而对于人口在 300 万以下的大城市来说，重点是考虑城轨的有无问题，应以城市财力和建设运营管理能力为条件，与城市发展水平和交通发展需求相适应，重点考察城市轨道交通的初期和远期客运规模、强度是否达到建设地铁、轻轨或市郊铁路等其他轨道交通方式的基本条件，因地制宜，从解决实际需求出发，选择适宜的制式，避免用经济、财政或人口指标简单"一刀切"做出判断。

（四）完善政策支持体系

（1）建立事权与支出责任相适应的轨道交通项目财政投入机制。在地方政府层面探索设立轨道交通建设基金，充分发挥政府资金的引导和带动作用，吸引社会资本投资，为城市轨道交通提供制度化、常态化的资金投入。

（2）加大金融政策支持力度。支持保险基金、社保基金等大型基金以PPP方式投资城市轨道交通项目。轨道交通基础设施类项目投资周期长，回报较为稳定，比较符合这类投资者对投资回报的要求。

（3）为使轨道交通与沿线或站场周边土地综合开发相结合的PPP项目模式具有可操作性，应拟定出台支持城市轨道交通可持续发展的土地储备与开发政策，允许并保障城市轨道交通沿线土地与轨道交通建设运营捆绑开发与经营。

第六章　城市交通安全管理

第一节　城市交通安全概述

一、基本概念

（1）绝对安全：指没有危险、不受威胁、不出事故，即消除能导致人员伤害，发生疾病、死亡，或造成设备财产破坏、损失，以及危害环境的条件。

（2）相对安全：安全是相对的，绝对安全是不存在的。相对安全是指判明的危险性不超过允许限度的情况。

（3）危险：指在生产活动过程中，人或物遭受损失的可能性超出了可以接受的范围的一种状态。

（4）风险：就安全而言，风险是描述系统危险程度的客观量。

（5）事故：指与系统设计条件具有不可容忍的偏差并可能带来损失的事件。

二、安全的含义和特点

这里讨论的安全是指生产领域的安全问题，不涉及军事或社会意义的安保，也不涉及与疾病有关的安全。安全不是瞬间的结果，而是对于某种状态的描述。安全是相对的，绝对安全是不存在的。构成安全问题的矛盾双方是安全与危险而非安全与事故。因此，衡量一个生产系统是否安全，不应仅仅依靠事故指标。不同时代、不同领域可接受的损失水平是不同的，因而衡量系统的安全标准也不同。

三、风险的含义和特点

风险是一个系统内出现有害事件或非正常事件可能性的量度。风险可以被定义为发生一次事故的后果大小与该事故出现概率的乘积，即：R（风险）=P（概率）×C（后果）。从整个系统的角度出发，风险表达式如下：

$$R=f(R_1, R_2, R_3, R_4, R_5)$$

式中：

R_1——人的因素；

R_2——设备因素；

R_3——环境因素；

R_4——管理因素；

R_5——其他因素。

四、事故的含义和特点

事故是违背人们意愿的一种现象。事故是不确定事件，其发生形式既受必然性的支配，但也不可避免地受到偶然性的影响。安全是相对的，绝对安全是不存在的。事故发生的原因有三类：目前尚未认识到的原因；已经认识到，但目前不可控制的原因；已经认识到，可以控制但是未能有效控制的原因。事故一旦发生，会造成以下几种后果：人受到伤害，物受到损失；人受到伤害，物未受损失；人未受伤害，物受到损失人和人、物均未受到伤害或损失。

五、安全与危险的关系

安全与危险的关系可用如下等式表示：

S（安全性）=1–D（危险性）

第二节　城市道路交通安全

历史上第一起道路交通事故是1899年在美国纽约发生的一名妇女被汽车撞倒后身亡。自有道路交通事故死亡记录以来，全世界每年因道路交通事故死亡人数约有125万，相当于全球每天有3500人因交通事故死亡。

我国道路交通事故呈先升后降的总体趋势，并随着社会经济情况发生很大的起伏。1990年之前，我国道路交通事故统计数据起伏很大，但是交通事故、死亡人数、受伤人数等都有明显的增长趋势。1991年后，随着经济的快速增长，机动车保有量的飞速提高，道路交通事故死亡人数也随之急剧增加。最多时，一年内的道路交通事故死亡人数超过10万人。2005年至2015年，我国道路交通事故呈回落趋势，事故数量、死亡人数、受伤人数、10万人口死亡率等都有不同程度的下降。

我国公路通车初期总里程仅为8.07万km。1987年，全国通车总里程达到98万km，二级以上公路2.9万km。1988年，上海至嘉定高速公路建成通车，结束了我国没有高速公路的历史。此后经过5年的建设，高速公路就达到了2.9万km。至2010年，高速公路通车里程达到7.41万km。至2009年，全国公路通车总里程已超过370万km。

我国公路进入快速发展时期后，尤其是高速公路的建设更是提前十几年完成国家的规划，但是，与发达国家相比，还是存在较大的差距。从图6-1可以看出，我国的机动化程度与英国、日本、美国等相比，仍有数倍的差距。

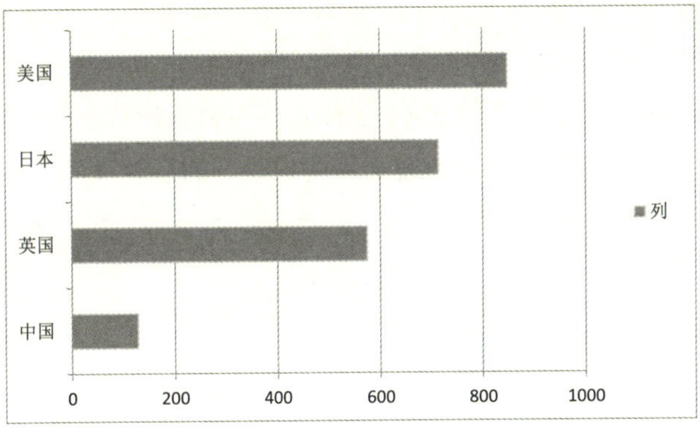

图6-1 2008年我国与发达国家机动化程度对比

在道路安全方面，从表6-1的道路交通事故死亡率统计中不难发现，我国除了10万人口死亡率比美国低之外，其他道路交通事故死亡率指标均明显高于美国、日本、英国等发达国家。

表6-1 道路交通事故死亡率

国别	10万人口死亡率（%）	万车死亡率（%）	亿车公里死亡率（%）
中国	6.18	5.11	3.80
美国	13.61	1.61	0.85
日本	4.50	0.63	0.75
英国	4.98	0.87	0.57

在道路交通系统分析中，美国人哈顿将人、车、路在交通事故中的相关关系用矩阵表示，发明了著名的“哈顿矩阵”模型，如表6-2所示。这个模型说

明了事故前、事故中和事故后三个阶段相互作用的三个基本要素——人、车、路的相互关系。

表 6–2　哈顿矩阵

因素	事故前	事故中	事故后
人	培训、安全教育、行车态度、行人和骑车人的着装	车内位置和坐姿	紧急救援
车	主动安全（制动、车辆性能、车速、视野），相关因素（交通量、行人等）	被动安全（车辆防撞结构、安全带等）	抢救
路	道路交通标志线、几何线性、路面性能、视距、安全评价	路侧安全、安全护栏	道路交通设施的修复

国内外道路交通事故的统计资料表明，道路平面线性上视距不足反映出来的道路交通事故，没有纵断面线性上的视距不足反映的明显。而竖曲线的视距越短，交通事故越频繁。竖曲线上不同视距下的事故率见表 6–3。

表 6–3　竖曲线上不同视距下的事故率

视距 /m	每百万公里交通事故率	
	凸形路段（%）	凹形路段（%）
<240	2.4	1.5
240~450	1.9	1.2
450~750	1.5	0.8

路面是道路的行车部分，对道路交通安全具有特殊的作用。路面的平整度、抗滑性和排水性对行车安全的影响最为明显。良好的路面应当是宽度满足行车要求、坚实、平整、没有凹坑、耐磨，具有一定的抗滑性能的刚性体或柔性体。它能提供给车辆安全、快捷、舒适的行车条件。在雨雪天气，路面湿滑，交通事故会明显增加（如表 6–4 所示）。

表 6–4　路面状况与交通事故率的关系

路面状况	每百万车公里交通事故率（%）	路面状况	每百万车公里交通事故率（%）
干燥	1.6	降水或雨雪	8.0
湿润	3.2	结冰	12.8

在高速行驶的汽车遇到紧急状况需要立即停车时，必须经过驾驶人的反应后才能开始制动，在反应的同时，车辆还会继续行驶一段距离。表 6–5 给出了不同反应时间、行驶速度对应的行驶距离。

表 6-5　不同反应时间、行驶速度对应的行驶距离

反应时间 /s	车速 / (km/h)					
	50	60	70	80	90	100
0.3	4.17	5.00	5.80	6.67	7.50	8.33
0.4	5.56	6.67	7.78	8.89	10.00	11.11
0.5	6.95	8.34	9.72	11.11	12.50	13.89
0.6	8.34	10.00	11.67	13.33	15.00	16.67
0.7	9.73	11.67	13.60	15.35	17.50	19.45
0.8	11.12	13.34	15.56	17.78	20.00	22.22
0.9	12.51	15.00	17.50	20.00	22.50	25.00
1.0	13.90	16.67	19.40	22.22	25.00	27.78

第三节　城市轨道交通安全

城市轨道交通安全保障系统具有两个基本作用：一是要保证内部人员设备安全，要能转场运转；二是要排除外在因素对系统的干扰，不受外部环境的威胁。做到上述两个方面，就可以认为安全保障系统是健全的，能够发挥其正常功能。该系统是对反馈控制和前馈控制的综合，也就是一种前馈—反馈耦合控制系统。

作为反馈控制，将系统输出的信息通过反馈回路传输到系统的输入端，与系统的目标进行比较，若发现偏差，采取适当的措施纠正偏差，使系统接近预期的目标。但这种控制是在偏差产生后进行的，具有滞后的特点，这是反馈控制无法克服的缺点。前馈控制则是根据预测信息，采取相应的纠偏措施。实施馈前—反馈耦合的控制方式，可以增强系统的抗干扰能力，提高系统的稳定性。

列车自动控制系统（Automatic Train Control，简称 ATC）是列车自动运行全过程的控制系统。ATC 可以实现 5 个主要功能：自动监控功能①、联锁功能、列车检测功能、列车自动控制功能和列车识别功能。ATC 主要包括：列车自动防护系统（Automatic Train Protection，简称 ATP）、列车自动运行系统②

① 自动监控功能，由被控对象和监控装置组成的系统。可在无人直接参与的情况下接收并执行监控指令，使被控对象自动达到指令所要求的工作状态和控制功能。

②列车自动运行系统是指实现列车速度自动调整控制和车站程序定位停车控制的列车自动控制子系统。该子系统的主要功能为：列车出发加速控制，定速运行控制，减速控制，运行模式控制，车站程序定位停车控制以及自动广播，等等。

（Automatic Train Operation，简称 ATO）、列车自动监控系统[①]（Automatic Train Supervision，简称 ATS）。

城市轨道交通的安全与众多环节有关，所有活动都高度依赖于高效、安全和可靠的人的行为。交通运营工作的各个环节、各项作业都是由人来参与并处于主导地位的，人操纵、控制、监督各种设备，完成各项作业，与环境进行信息交流，与其他作业协调一致。正是人在运营管理中的重要地位，使得人的因素在运营中发挥着关键的作用。

城市轨道交通安全包括对于突发事件的应对策略。其中，突发事件包括由暴雨、台风等自然因素造成的自然突发事件，由设施故障、突发大客流、乘客晕倒、物品掉入轨道等现场因素造成的意外突发事件，以及由恐怖袭击等人为因素造成的人为突发事件。突发事件具有突发性、不确定性、危害性和灾难性等特点，无法预料其发生的时间，也难以进行预测和控制。再则，城市轨道交通基本上都是在地下，疏散难度很高，一旦发生，将带来灾难性的危害。通过分析突发事件下乘客拥挤现象，提出对应的疏导组织策略，以提高安全性。

一、城市轨道交通突发事件下乘客行为与拥挤现象

在面对突发事件时，不同的人会做出不同的行为反应。有学者针对“乘客晕倒”突发事件下的其他乘客反应做了一个调查，根据收集的数据可知，在面对乘客晕倒时，有 40% 的人会躲到一旁，留出空间给晕倒的乘客，有 20% 的人在这种情况下会惊慌、不知所措，而另外的 40% 的人会伸出援手。

由此可见，在同样的突发事件发生时，乘客会表现出不同的行为反应。乘客的行为是受心理反应影响的。突发事件下乘客主要有恐慌心理、从众心理，还会伴随着焦虑、冲动和侥幸心理。为了得到实际数据，我们随机抽取 100 名乘客做了调查问卷，根据收集回来的数据得到图 6–2。

突发事件下乘客主要有两种截然不同的心理：一种是冷静，能积极应对突发事件，选择冷静的这部分人主要是男性、中青年人和受教育程度高的。另一种主要是惊慌、恐慌、不知所措，是大多数人在面对突发事件时的心理，也是人的一种自然的反应，不仅仅限于某一个人，更可能一个群体都是这种心理。在突发事件下，每个人都会变得异常紧张，行动趋于盲目，有些人在突发事件下无法做出自己的选择，只能跟随大众一起逃离事发地。突发事故时，每个人都想尽快撤离现场，这时有的人就会冲动，并抱着侥幸心理，一直往前面拥挤，或是寻求自己认为能最快撤离现场的路径。

① 列车自动监控系统简称“ATS 子系统”。该系统是指挥列车运行的控制、监督系统，由调度中心 ATS 设备、车站 ATS 设备和车载 ATS 设备组成。

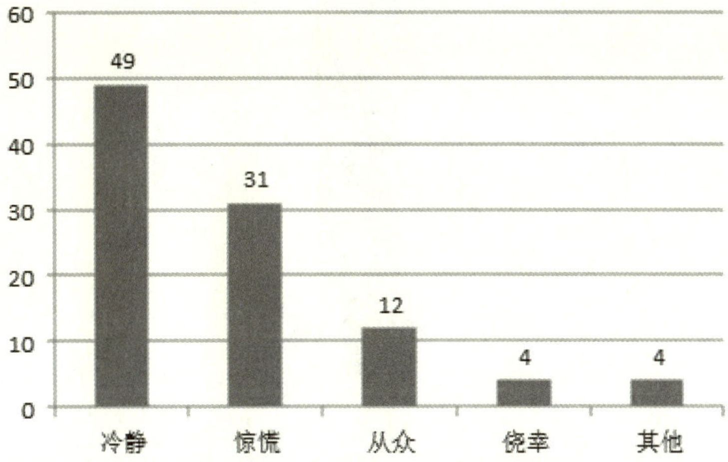

图 6-2　突发事件下乘客第一心理反应

针对突发事件下人群的恐慌心理，人们表现出来的行为是快速逃离事发现场。恐慌心理有利也有弊，适度的恐慌能让人们加快疏散的速度，但过度的恐慌会使人们失去理智，最后可能会造成无法自行疏散，不利于人们的逃生的情况出现。

恐慌状态下的高密度人群在流动过程中存在以下现象：

（1）成拱现象。在突发事件发生前，人员都会散落在各个地方。一旦发生突发事件，人们就会马上疏散，这个时候就会有大量的人员涌入出入口或通道，不仅有人从正面涌入，也有人从侧面涌入。此时出入口或通道并不能容纳得下这么多人，但是后面继续有人涌过来，就会形成"拱形"现象。如果人员继续越积越多，由于人的相互拥挤，极可能会引起踩踏事故。

为了验证"成拱"现象和拥挤的临界点，笔者利用 AnyLogic 软件进行了达到拥堵临界点的预测，最后也能用来验证拥堵的时候出现的"拱形"现象。以南宁地铁 1 号线琅东站 C 出口为例，C 出口的通道为 5 米，本次实验只考虑了通道大小的因素，不考虑乘客的年龄、性别等因素。

当速率为 2.3 时，曲线出现了比较大的变化，将实验参数代入仿真模型实际运行，如图 6-3 所示，通道出现拥堵，就是说通道为 5 米的情况下达到 138 人 / 分钟时出现拥堵，这个时候就会出现前面说的"拱形"现象。

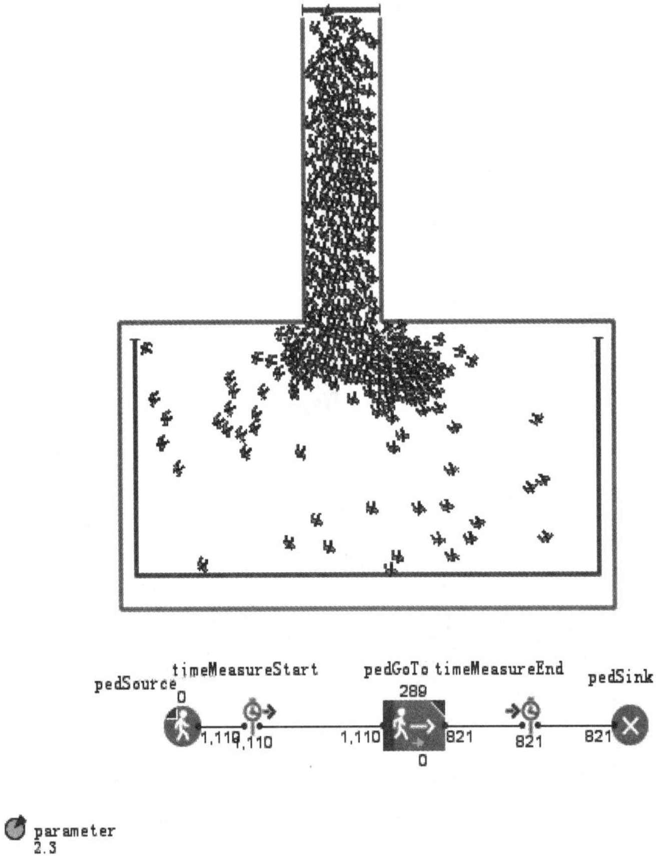

图 6–3　AnyLogic 仿真运行图

（2）快即是慢现象。人们在面对突发事件时会想着尽快离开事发地。出入口或通道就会聚集大量的人员，通行能力就会降低，疏散速度减慢，疏散时间就会增加，这个时候并不能如愿地快速撤离，形成快即是慢现象。

（3）自然组织现象。在突发事件中，人群会发生恐慌，这个时候人群就是一个散乱的组织，他们会不知所措，但是当有一小群人向同一个方向运动时，其他人也会盲目地跟随一起走，就会自然而然地把散乱的组织带成一个有序的组织，这就是自然组织现象。他们的行为是自然而然的，并不受其他因素的影响，这也是从众心理的表现。

二、城市轨道交通突发事件下乘客疏导组织策略

为了确定轨道交通突发事件影响乘客心理行为的相关因素，有效地组织乘客疏散，笔者利用问卷调查采集数据，并采用 SPSS22.0 软件（SPSS 软件指

“统计产品与服务解决方案”软件，英文全称为 Statistical Product and Service Solutions）的交叉列表来进行变量的相关性的分析，来确定它们之间的密切程度。主要分析的变量包括乘客的年龄、性别、受教育程度等，采用交叉列表方式分析这些变量与乘客在突发事件下的第一行为反应的相关性，得到表 6–6。

表 6–6　乘客行为反应各影响因素的相关性检验结果

影响因素	卡方检验渐近显著性	Phi 值	克莱姆 V 值
性别	0.011	0.334	0.334
年龄	0.000	0.570	0.329
身体状况	0.010	0.753	0.632
受教育程度	0.021	0.300	0.355
安全培训经历	0.030	0.560	0.253
搭乘频率	0.001	0.362	0.685
安全意识习惯	0.030	0.250	0.540

注：1. 卡方检验是用途非常广的一种假设检验方法；

2. Phi 值指卡 bai 方检验的统计量。

根据上述相关性数据分析，卡方检验渐近显著性小于 0.5，则认为该变量与乘客在突发事件下行为反应显著相关，修正后的 Phi 值和克莱姆 V 值均大于 0.1，说明该变量与乘客在突发事件下行为反应关系密切，有着显著影响。将上述相关因素归纳为显性特征和隐性特征，显性特征指可以直观观察出来的生理特征，主要包括年龄、性别、身体状况等，隐性特征指通过沟通了解后才能发现的特征，主要包括受教育程度、安全培训经历、搭乘频率等。现分析几项显性特征的特点：

（1）年龄。年龄段不同，人们的疏散行为也不同。主要表现为：第一，年龄段不同，人们的学识就会不同，应对的能力也就不同，一般来说，中青年识别危险的能力比较强，能对危险做出快速反应，执行力也比较强，疏散效率高，而年龄比较大的老人和年龄比较小的儿童则反之。第二，不同年龄段的人行走速度不同。通常中青年的速度要快些，在这个过程中可以快速撤离事发现场；而年龄大的老人和年龄比较小的儿童的行走能力相对来说要弱，在疏散过程中容易摔倒，是交通车站在应急救援中的主要关注目标。

（2）性别。总的来说，男性在面对突发事件时的反应能力要比女性强，男性比较容易去接受新发生的事件并做出应有的反应，相反，女性在这方面的反应相对来说缓慢一些。

（3）身体状况。乘客的身体状况包括两个方面：一个是身体健康方面，另一个是头脑意识方面。意识主要是指精神方面和智力方面。在突发事件下乘客的身体状况会影响乘客的行为和疏散能力。比如身体健康的人在面对突发事件时的疏散能力明显比身体不健康的人强。饮酒的人就明显比头脑清醒的人的反应要迟钝，反应能力下降，不能第一时间选择出合理的疏散路线，给疏散增加了一定的难度。

除显性特征外，有过安全培训经历的人能更快速地识别周边环境的状况，风险识别能力比较强，并能做出快速的反应。一般来讲，每一位乘坐轨道交通的乘客往往都具备一些隐性特征，而这些隐性特征往往需要乘务员与乘客进行沟通方能得知。通常乘务员会询问乘客的教育经历是否受过相应的教育，除此以外还会询问乘客是否有过相应的安全培训，另外也会适当地询问乘客是否曾经搭乘过轨道交通电车。

因此，在突发事件情况下，建议站务员迅速分析乘客的显性特征，挖掘乘客的隐性特征，做出相对应的疏导策略。

（1）身体状况不好的、行动不方便的乘客以及老人、儿童，车站应该派出工作人员协同撤离，防止摔倒造成二次伤害事故。

（2）男性在面对突发事件时比较冷静，行动也比较迅速，针对这类群体，车站只需引导正确的疏散方向。

（3）对于行动上表现得缓慢一些，并表现出强烈的恐慌心理的乘客，车站广播和工作人员应循环播放广播安抚这类乘客。

（4）突发事件下乘客在疏散时会跟随周围多数人撤离，根据乘客的从众心理，应该迅速找到受教育程度高的，有经过安全培训的“领头羊”，第一时间给予“领头羊”正确的引导。这样可以快速疏散乘客。

第四节　智能交通技术在高速公路安全管理中的应用

信息技术在现代社会的各个方面都得到了广泛应用，人们的生活方式发生了较大的改变。由此可见，信息技术成为推动社会发展的重要支持。除了对生活方式的影响外，信息技术在公共设施管理中也有较好的应用效果，从而研发出各种信息处理系统。智能交通技术是高速公路管理中的常用技术，要想更好地提高该技术的应用效果，需要明确该技术应用中的问题，从而推动其在高速公路安全管理中的应用与发展。

一、智能交通技术概述

（一）定义

智能交通技术的主要特征是智能化，所谓的智能是指人所具有的智慧，而人类的智慧来自感觉、记忆和思维等方面，智慧形成了行为与语言，而将行为与语言的表现称为能力，两者结合起来就是智能。由此可见，智能主要是指感觉、记忆与思维经验指导下的行为与语言，这是从生理学角度定义的智慧。从这一结论来看，将其应用于信息技术，实质上就是指数据采集、数据存储和数据处理所得到的结果。智能技术涵盖的范围较广，包括目前热门的人工智能与计算机智能等，对于此类技术进行研究，主要是企图通过对智能的分析，从而产生一种与人类思考所做出的决策相同的技术。目前，其主要研发范围包括智能机器人、语音识别、图像鉴别、自然语言处理与专家系统等。这样一来，就很容易理解智能交通的定义，也就是将先进的信息技术、数据传输技术、电子传感技术、计算机网络等技术相结合研发出的一种地面交通管理信息系统，具有管理范围广、实时通信、高效的特点，能够对影响高速公路安全的车辆进行监管，从而确保道路通行顺畅。

（二）作用

智能交通技术是基于信息技术研发出来的高速公路交通管理服务系统。随着现代人们出行方式的多样化，确保高速公路交通安全管理更加规范、高效和智能，从而确保交通道路的安全性，需要利用现代先进技术了解高速公路的实时状况并及时做出相应的调整，然后通过信息技术传递给管理者，也就是从高速公路的整体状况出发进行路况协调与疏导，确保高速公路行驶的安全系数，减少交通事故的发生。

二、智能交通技术在高速公路安全管理中的应用

（一）数据采集

高速公路安全管理中存在许多的问题，随着现代科学技术的不断完善，这些问题也得到了有效的解决。智能交通技术在高速公路安全管理中的应用，首先需要进行数据采集、传输与处理，然后将处理之后的结果传送给管理站。由此可见，数据采集是智能交通技术应用的基础环节。高速公路安全管理涵盖内容较多、情况复杂，因此所应用的技术也多种多样，包括 GPS 技术、GIS 技

术①、物联网技术②、云计算技术③、通信技术、红外线技术等。首先，需要对数据采集进行分析。要想对高速公路安全进行有效控制，需要了解道路的实时状况，从而进行道路协调与疏导。这就需要利用数据采集设备实现，目前主要使用的设备包括摄像头、传感器、红外线测量、感应圈、GPS 设备等。通过数据采集设备能够对目标区域车辆行驶速度以及车流量进行测量，同时可以利用传感设备检测高速公路的行驶状况，若在路面下安装压力传感器，还可以检测路面的使用状况以及道路的损伤状况。红外线测量器能够确保系统在夜晚期间检测高速公路的实时状况。此外，部分设备如空气检测器，能够对空气湿度、能见度等参数进行测量，这些对高速公路安全管理具有较高的参考价值。

（二）数据传输

在采集数据之后需要将采集数据传输到处理站，目前数据传输的主要方法是通过有线网络和无线网络。前端设备将数据通过有线网络传输给安全管理中心，且传输数据覆盖范围广，包括了道路状况、车辆行驶状况、车流量以及天气状况。数据传输过程中最重要的是确保传输信息的准确性与实时性，因为在高速公路安全管理工作中，时间就是生命，出现任何事情之后要在第一时间做出反应，从而避免更严重的后果的出现。

（三）数据处理

数据传输之后，管理中心的处理器需要对采集到的信息进行分析与整理，在信息处理之后需要得出某一地段车流是否顺畅、路况是否良好，并且在数据处理之后能够对未来一段时间的路面状况与意外发生情况进行预测，这样能够提醒管理人员尽可能做好准备，从而减少重大安全事故的发生，确保高速公路行驶车辆的安全性。

---

① GIS 技术（Geographic Information Systems，地理信息系统）是多种学科交叉的产物，它以地理空间为基础，采用地理模型分析方法，实时提供多种空间和动态的地理信息，是一种为地理研究和地理决策服务的计算机技术系统。

② 物联网技术（Internet of Things，简称 IOT）起源于传媒领域，是信息科技产业的第三次革命。物联网是指通过信息传感设备，按约定的协议，将任何物体与网络相连接，物体通过信息传播媒介进行信息交换和通信，以实现智能化识别、定位、跟踪、监管等功能。

③ 云计算（Cloud Computing）是分布式计算的一种，指的是通过网络“云”将巨大的数据计算处理程序分解成无数个小程序，然后，通过多部服务器组成的系统处理和分析这些小程序，得到结果并返回给用户。

（四）交通管理

从上述措施来看，数据收集、传输与处理都是由安全管理中心实现的，上述措施就是为了确保高速公路的通畅性，确保车辆与人员的安全，避免交通事故造成的生命财产损失。因此，在信息处理之后，还需要利用网络平台与广播平台将相关数据提供给交通管理人员，使其快速处理各种安全事故，预防二次事故的发生。随着我国信息技术的快速发展，近些年来云计算技术的出现使得数据处理能力不断提高，信息管理平台不断发展。利用现代信息技术，数据处理以及处理之后的信息能够快速传输到管理者手中，从而提高了决策的时效性。管理者在接收信息之后，对自己管理区域的行驶车辆进行调整，可以避免交通拥堵或二次事故的发生。

三、智能交通系统的具体结构

智能交通技术具有多样性特征，因此在具体应用中需要考虑到管理的实际需求而选择正确的结构形式，根据自动检测与人工申报内容，获取高速公路路面状况信息，及时发现和处理已经出现的问题与潜在问题，确保高速公路的通畅性与人员的人身安全。

（一）智能交通系统

智能交通系统（Intelligent Transport System）具有强大的功能，其含有完善的监管系统，能够对高速公路状况进行预测和诱导，对于已经发生的交通事故可以进行合理推测。该技术的优势基于信息传输系统，能够通过路径诱导来减少交通事故的发生。与此同时，集成化的管理系统能够通过整合社会信息与车辆信息，从而让交通信息为车辆管理提供更准确的服务，在确保路面交通状况的情况下做好高速公路安全管理。

运输管理是智能交通系统的核心功能，与其他系统联合形成了服务平台，从而让相应的功能得到有效的数据保障，并且确保管理效果。对于高速公路发生的安全事故，一旦发生之后能够快速地进行管控。该系统是智能交通技术中常用的一种技术，通过检测道路压力器，能够对路面信息进行控制，然后将相应的数据传输到管理部门，从而了解高速公路的实时状况，以便进行管理与控制。对于一些非法或不安全行为进行监控，必要时采取应急方案进行交通控制。

（二）信息收集系统

信息收集系统主要是对路面状况进行监控。路面状况对于行车的安全性具有直接影响。虽然高速公路建设过程中有着明确的技术标准，但是公路在使用一段时间之后，路面状况必然会发生一定的改变，因此，需要实时掌握高速公路的路面状况，例如哪些路段可能影响行车安全、哪些路段需要进行保养和修护等。信息采集系统能够将感应器采集的信息传输到计算机，并对路段性能进行分析，若存在问题，计算机会发送报告通知管理人员解决。

（三）智能处理系统

智能处理系统主要通过对实时信息进行快速计算并给出结果，一旦出现路面损坏或交通事故，需要在短时间内快速做出反应，从而确保公路的正常行驶。管理人员主要是利用智能终端与控制中心对话，从而为行驶车辆提供紧急救援服务，包括拖车、事故车辆排除等服务。

（四）环境监测系统

该系统主要对气候环境进行分析，通过采集设备测量数据（风向、风速、空气质量与结冰状况等），为管理中心提供有效的数据支持，从而避免天气因素导致交通事故的发生。

随着智能交通技术的不断发展，智能交通技术在高速公路安全管理中已广泛应用，让人们得到了更加安全的出行体验。智能交通技术在高速公路安全管理中具有较好的应用效果，需要结合实际管理需求，不断提高智能交通技术的作用，从而为改善交通安全状况提供有效指导。

第五节　城市交通接驳管理

一、地铁突发事件下的乘客出行行为选择及公交接驳条件分析

当地铁设备出现严重故障时，地铁服务将被中断，运营管理部门急需将汇聚的大量乘客疏散转移，备用出行方式包括换乘其他线路地铁、公共交通的衔接，或者出租车以及其他交通方式。其中，公共交通接驳是目前地铁运营管理部门在地铁服务中常用的方式。如无系统的资源规划，公共交通接驳一般根据现场情况的判断来做出衔接，往往会存在接驳数量不准确，乘客对于接驳的路线不科学导致时间延误的不满意等问题。本书主要结合乘客接驳行为分析，对南宁地铁 2 号线应急公共交通接驳的资源进行规划，为运营管理部门提供决策辅助。

（一）地铁突发事件下乘客出行选择调查

为了充分分析在不同条件下乘客选择的出行方式，我们假设了四种情景方式：情景 1，事故范围小，乘客出行距离短；情景 2，事故范围小，乘客出行距离长；情景 3，事故范围大，乘客出行距离短；情景 4，事故范围大，乘客出行距离长。综合这四种情景，分别研究不同情况下乘客对出行方式的选择，以便更合理地做出接驳设计。调查人群主要为上班族和学生，调查方式主要采用调查问卷形式，收到有效问卷 90 份，数据汇总如表 6–7 所示。

表 6–7　乘客在地铁突发事件下的出行选择

情景	应急接驳选择					
	常规公交		接驳公交		出租车	
	人数	比例	人数	比例	人数	比例
1. 事故范围小，乘客出行距离短	70	78%	5	5%	15	17%
2. 事故范围小，乘客出行距离长	30	33%	57	63%	3	4%
3. 事故范围大，乘客出行距离短	34	38%	30	33%	26	29%
4. 事故范围大，乘客出行距离长	23	25%	62	69%	5	6%

（二）地铁突发事件下乘客出行分析

本次调查在特定的路网条件下，假定了出发地、目的地，假定了事故范围，目的是说明在不同的情况下人们对出行方式的选择偏好。情景 1 如图 6–4 所示，假设石柱岭与亭洪路之间发生中断，乘客要从江南客运站到福建园，途中只有两个站点，目的地较短，乘客会选择常规公交汽车。虽然也可以选择接驳公共交通设施，但是调查发现乘客对于短途距离知道有常规公共交通设施能够直达的，会优先选择常规公共交通设施，而不是临时组建的接驳公共交通设施，调查结果如图 6–5 所示。

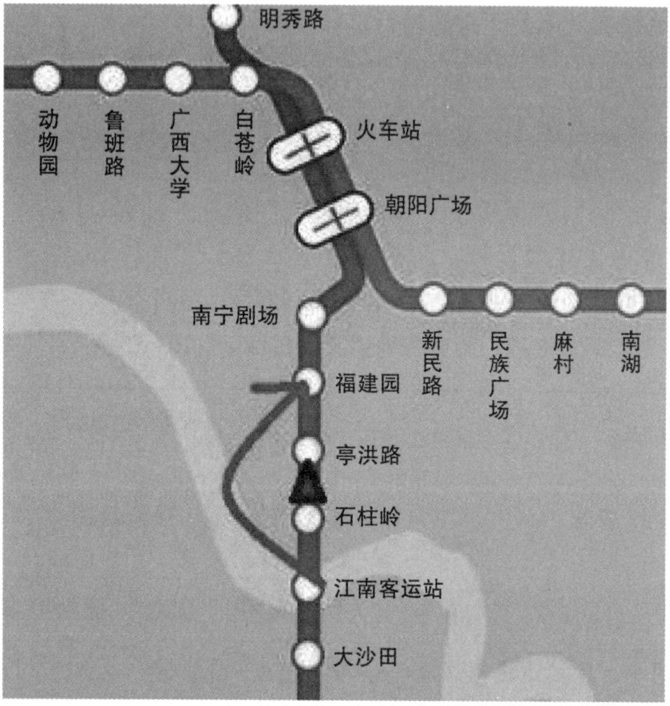

图 6-4　情景 1：事故范围小，乘客出行距离短

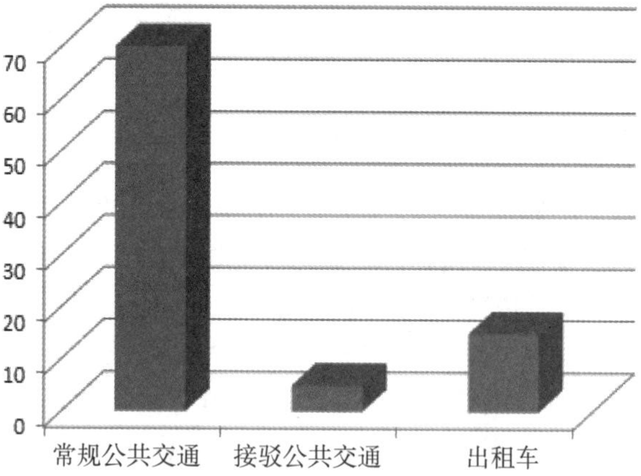

图 6-5　情景 1 中乘客的出行选择

情景 2 如图 6-6 所示，假设福建园和南宁剧场中间地铁中断，乘客从江南客运站到安吉客运站，此时目的地较远，如有常规公共交通设施直达，和接驳公共交通设施相比较，乘客的选择都差不多。在较远但没有常规公共交

通设施直达时，乘客则会选择接驳公共交通设施，因为距离较长，费用贵，选择出租车的较少，调查结果如图 6-7 所示。

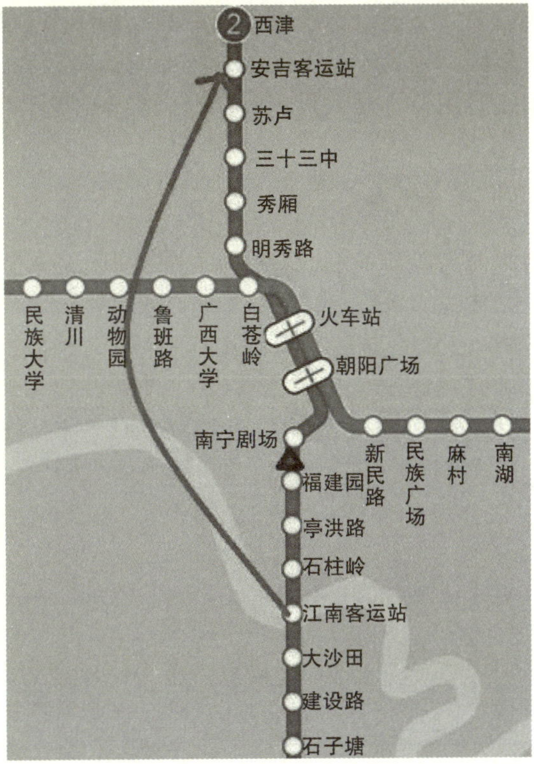

图 6-6　情景 2：事故范围小，乘客出行距离长

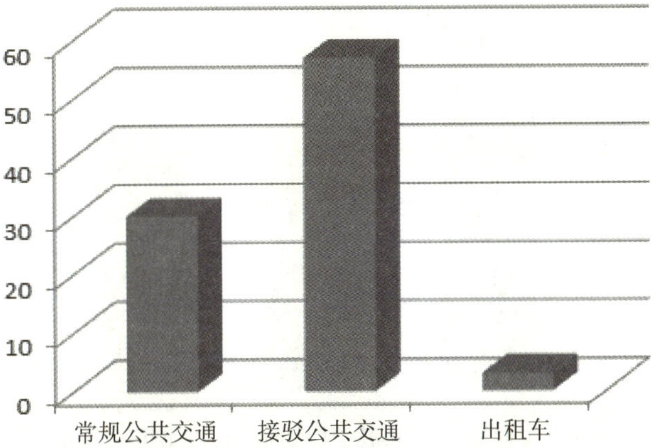

图 6-7　情景 2 中乘客的出行选择

情景 3 如图 6–8 所示，假设石柱岭到南宁剧场之间发生中断，事故影响的范围较大，乘客由江南客运站到朝阳广场，距离不长。此时乘客对于乘坐常规公共交通设施、接驳公共交通设施及出租车的数据差不多，选择出租车的数量有所增加，据分析是因为距离不近不远，事故的范围又较大，坐公交汽车的人数会加大，出租车的费用又不是太贵，所以有很多乘客选择了出租车，调查结果如图 6–9 所示。

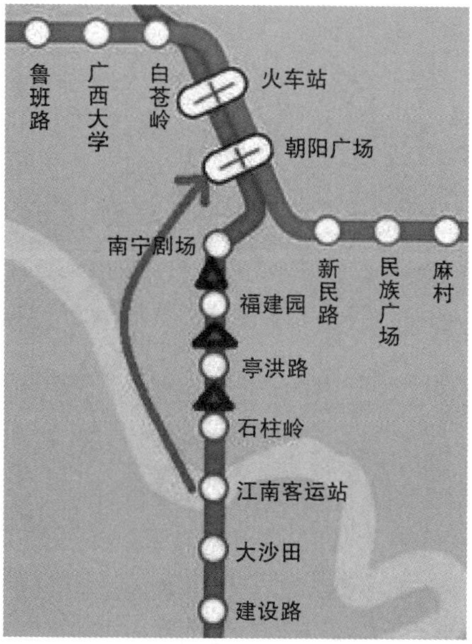

图 6–8　情景 3：事故范围大，乘客出行距离短

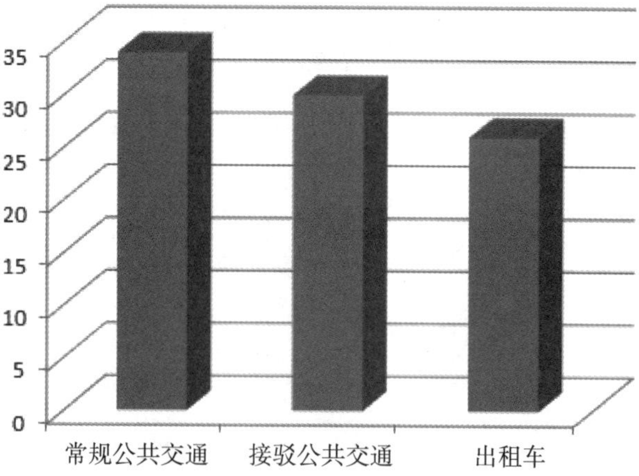

图 6–9　情景 3 中乘客的出行选择

情景 4 如图 6-10 所示，假设石柱岭到南宁剧场发生地铁事故中断，乘客从大沙田到秀厢，这时选择接驳公共交通设施的乘客是最多的，其次是常规公共交通设施，极少会有人选择出租车，调查结果如图 6-11 所示。

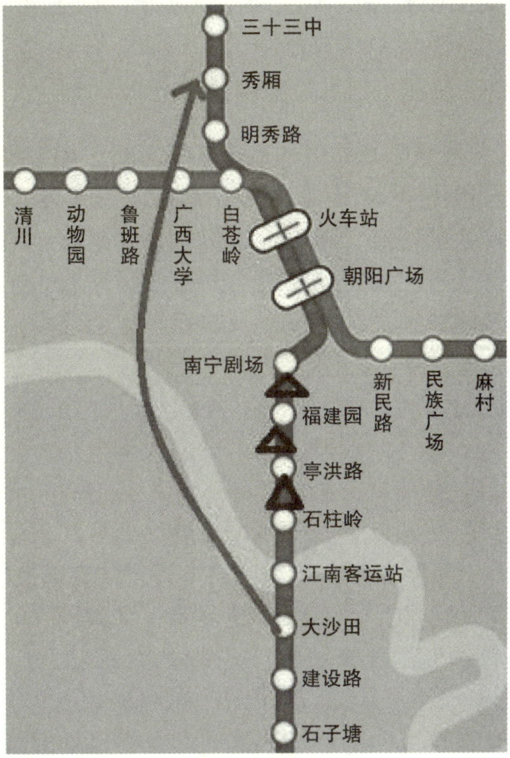

图 6-10　情景 4：事故范围大，出行距离长

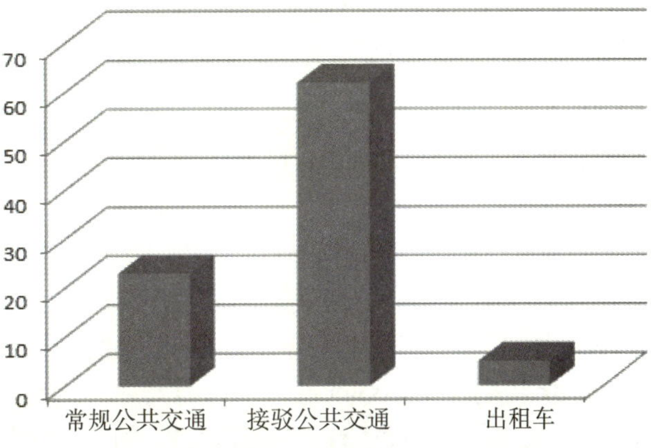

图 6-11　情景 4 中乘客的出行选择

综合上面分析的四种情景，影响乘客在地铁中断服务下对于出行方式的选择的主要是出行的距离。

二、城市公共交通设施接驳点规划（以南宁地铁 2 号线为例）

（一）南宁地铁 2 号线出口周边路网情况分析

（1）南宁地铁 2 号线出口周边的地理环境分析。南宁地铁 2 号线目前共开通 18 个站点，根据周围路网情况对 18 个站点做以下分类：

①以大型人流转换的特点，将安吉客运站、江南客运站、火车站等旅客客运枢纽归为一类。每天进出南宁的旅客会通过客运站或火车站进出，这里的站点不仅地铁通过，通往这里的公共汽车及出租车也会较多，乘客在这里无法选择乘坐地铁时，可选择的替代出行会较方便。

②根据出口周边的路网，将大沙田、亭洪路、福建园和明秀路这些处于道路交叉口的站点归为一类。大沙田站位出五象大道与银海大道交叉口，亭洪路站在亭洪路与星光大道交叉口，福建园处于五一路与星光大道的交叉口，明秀路在友爱路与明秀路的交叉口处。这四个站点都处于两条道路的交叉口，地铁出口旁线路错综交替，线路宽广，且旁边的常规公共交通也较多。

③特别归类：朝阳广场站。朝阳广场是南宁目前最大的商业活动中心，路面上的线路环绕交替，可供选择的出行方式众多，同时也是地铁 1 号、2 号线的换乘站点。

④剩下的其他站点可以归为一类。这些站点出口处的线路较为简单，车流量相对较少，常规公共交通数量也较少。

（2）不同地段地铁突发事件对乘客疏散的影响。假设地铁在以下三个不同地区分别发生事故，结合周边环境及人流量，如何进行滞留乘客的疏散?

①地铁突发事件发生在客运转换站点时，出口就是汽车或火车站点，路面上都有很大的空间作为疏散撤离的安置点。客运站点作为客流转换的枢纽，这里的人流量也会相对复杂，及时进行乘客的疏散工作，安排接驳公交，保证车站的工作有序进行。

②地铁突发事件发生在朝阳广场时，朝阳广场属于南宁市的一个商业中心，这里的人流量非常大，这里存在地下商业街，地铁出口较多，在朝阳广场地面上的公交系统比较完善，同时这里也是地铁 1 号、2 号线的换乘站点。在这里发生故障时，及时把乘客从地铁站台及站厅内疏散到上面的地下商业街，然后在安全出口设立周边的公共交通设施线路指示标语，引导乘客选择自己可换乘的公共交通设施。

③把线路交叉口和其他没有提及的站点归到一起，当地铁故障发生在这些站点时，周边的人流量都不是太大，把地铁内滞留乘客疏散至出口旁安置，等待接驳车辆进行接驳转移。

（二）南宁地铁 2 号线公交接驳点规划

地铁在发生突发事件下启动公交汽车应急接驳，公交汽车接驳蓄车点的选址规划很重要，要结合各地铁出口旁的路网情况，进行资源的合理利用，有的站点有两个出口、有的有四个、有的有很多个，需结合接驳线路选择方便接驳公交汽车停靠的出口。

可分两种情况进行选择：一是刚好在地铁出口旁有公交汽车车站的，可以在公车汽车车站旁设立接驳标语，与常规公交汽车共用公交汽车车站，后续有乘客在不知地铁故障来乘坐地铁时看见地铁故障设置的接驳标语，就可以自行到旁边的站点等待接驳公交汽车，也可自行选择其他的出行方式，同时接驳公交汽车悬挂地铁应急接驳标志；二是在地铁出口旁没有公交汽车站点或者是站点距离相对较远，这时就需要在出口旁进行选址，设立临时的接驳点，方便乘客进行候车，保证服务的效益。

南宁地铁 2 号线沿线接驳点选址如表 6-8 所示。

表 6-8　应急接驳公交汽车点选址

接驳点选址	接驳点选址	
站点	西津至玉洞方向	玉洞至西津方向
西津	A 出口前设临时接驳点	D 出口前设临时接驳点
安吉客运站	A 出口侧安吉公交汽车站	C 出口侧安吉公交汽车站
苏卢	D 出口侧众家乐私城公交汽车站	C 出口侧众家乐私城公交汽车站
三十三中	D 出口三十三中公交汽车站	C 出口前设临时接驳点
秀厢	A 出口秀厢公交汽车站	C 出口旁秀厢市场站
明秀路	B 出口旁设临时接驳点	C 出口旁设临时接驳点
火车站	G 出口旁火车站公交汽车站	I 出口旁火车站公交汽车站
朝阳广场	不设接驳站点	不设接驳站点
南宁剧场	A 出口前设临时接驳点	B 出口旁设临时接驳点
福建园	B 出口旁星光福建路口公交汽车站	D 出口旁星光福建路口公交汽车站
亭洪路	A 出口侧星光亭洪路口公交汽车站	C 出口侧星光亭洪路口公交汽车站
石柱岭	A 出口前设临时接驳点	D 出口前设临时接驳点
江南客运站	A 出口侧江南客运站公交汽车站	D 出口侧江南客运站公交汽车站
大沙田	A 出口前设临时接驳点	C 出口旁设临时接驳点
建设路	B 出口旁银海建设路口公交汽车站	D 出口旁银海建设路口公交汽车站

续 表

接驳点选址站点	接驳点选址	
	西津至玉洞方向	玉洞至西津方向
石子塘	B 出口侧广西备灾中心公交汽车站	D 出口侧广西备灾中心公交汽车站
金象	B 出口侧南宁市英华学校公交汽车站	D 出口侧南宁市英华学校公交汽车站
玉洞	A 出口侧玉洞公交汽车站	D 出口侧玉洞公交汽车站

其中，朝阳广场站不设接驳站点，因朝阳广场地铁站出口众多，且地面上的公共交通系统完善，公交汽车站点也较多，这里需要做的是在每个出口设立常规公共交通指示语，引导乘客选择适合自己出行的公共交通路线。

三、城市应急接驳公共交通资源规划（以南宁地铁 2 号线为例）

车辆分配原则为尽量先调度公共交通仓库的车辆，再调度终点站的车辆，如果仓库离衔接站距离过远，超过了能接受的时间范围，则就近调度终点站的车辆。

我们根据公共交通车辆分配原则，以不超过 30 分钟的到达时间，规划可提供应急接驳的公共交通车场，并以枢纽站—南宁火车站和一般站—石子塘站为例论证公共交通资源分配过程。

现假设地铁 2 号线枢纽站南宁火车站在某一时段发生中断服务，站点情况如图 6-12 所示。

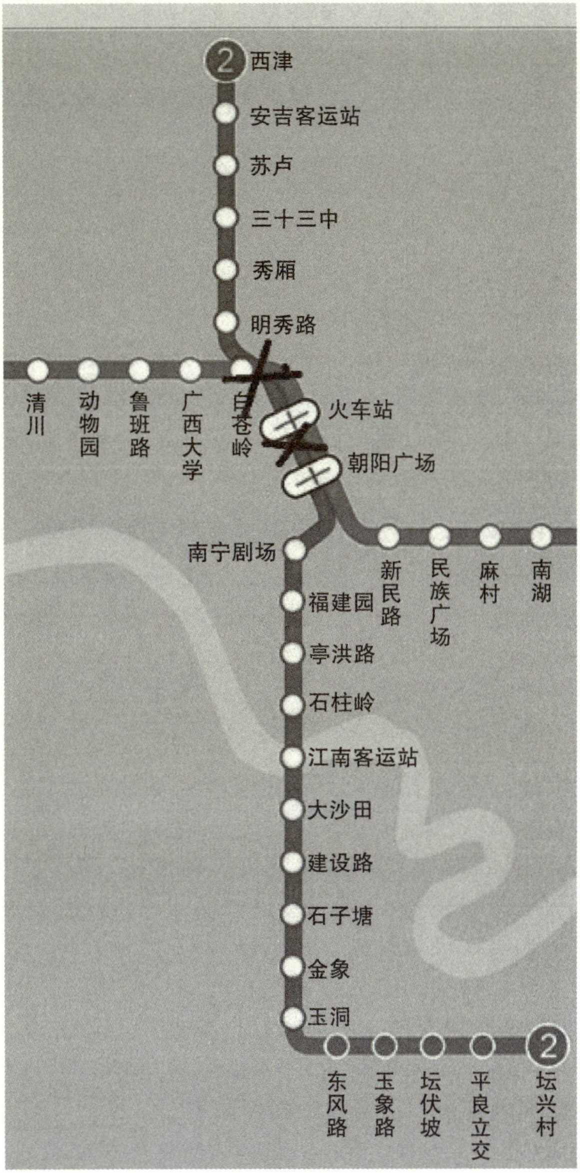

图 6–12　地铁 2 号线中断服务图

图 6–12 中，火车站线路发生故障，导致与明秀路和朝阳广场之间的连接发生服务中断，需要把故障区域两端的乘客进行衔接，以及进行短区域站点间的接驳。

具体需要多少接驳公共交通车辆，由站点周边的人流量及地理位置做出假设，如表 6–9 所示。

表 6-9　各站点需接驳车辆

站点	站点需接驳公共交通数量（辆）
明秀路	6
火车站	10
朝阳广场	12

将公交汽车车场与终点站的公交汽车分配到各站点。根据接驳时间要求，线路耗时超过 30 分钟的公交汽车车场不做考虑，则在限定时间内符合接驳条件的公交汽车车场有人民车场、新阳车场、南湖车场、亭子车场、望州岭车场，接驳运行时间表如表 6-10 所示。

表 6-10　公交汽车车场代接驳站点时间表

单位：分钟

	朝阳广场	火车站	明秀路
人民车场	5 ①	5 ①	13 ②
新阳车场	21	17	17
南湖车场	11 ②	16	23
亭子车场	10 ②	15 ②	23
望州岭车场	15	15 ②	12 ①

按到达时间从小到大进行排序，在数字右侧用序号标明其顺序。首先从第一行（人民车场）开始分配，这一行满足时间最快的用序号①进行表示，这一行有多少个①，尽量满足所有的①的需求，不够则平分该行（人民车场）的车辆，依次我们分配新阳车场、南湖车场、亭子车场和望州岭车场。对于有并列的①，我们尽量满足其他列的需求，再考虑本列的需求。

根据前面的车辆分配算法，尽量满足所有的①，结合实地调查了解到车场余留车辆一般在 20 辆左右，所有最终得到的公交汽车车辆分配方案如表 6-11 所示。

表 6-11　公交汽车车辆分配方案

单位：辆

	朝阳广场	火车站	明秀路
人民车场	6	10	0

续　表

	朝阳广场	火车站	明秀路
新阳车场	0	0	0
南湖车场	0	0	0
亭子车场	6	0	0
望州岭车场	0	0	6

南宁火车站可供选择提供接驳的车场很多，能够提供接驳的公共交通资源丰富，但如果地铁故障发生在周边缺乏能提供快速接驳的公共交通车场的站点时，那该如何分配公共交通资源呢？以地铁2号线的石子塘站点为例，离石子塘最近的公交汽车车场为玉洞车场，从玉洞车场到石子塘地铁站点最快的线路也需要30分钟，基本满足接驳时间要求。但在这里可以考虑站点的位置情况，该站点离玉洞方向终点站只有两个站点，根据实地调查发现，往玉洞方向的乘客数量与从玉洞方向往西津方向出行的乘客不多，我们可以先选择周边的终点站公交汽车进行接驳，然后在从玉洞车场调度公交汽车进行衔接，保证在应急接驳时间内站点之间的往返接驳，确保服务的质量。

第七章　城市交通智能化管理模式的构建

第一节　智能交通系统的内涵

一、智能交通系统的概念

智能交通系统（Intelligent Transport System，简称 ITS）是将先进的信息技术、通信技术、计算机技术、传感技术、电子控制技术以及系统集成技术等有效地运用于整个交通运输管理体系，而建立起的一种在大范围内、全方位发挥作用的，实时、准确、高效的、综合的运输和管理系统。日本、美国和西欧等发达国家为了解决共同面临的交通问题，竞相投入大量的资金和人力，开始大规模地进行道路交通运输智能化的研究试验。

智能交通系统，可以使人、车、路密切地配合、和谐地统一，极大地提高交通运输效率，保障交通安全，改善环境质量，提高能源利用率。

二、智能交通系统的构成

智能交通系统由先进的交通管理系统、先进的出行者信息系统、先进的公共交通系统、先进的车辆控制（和安全）系统、商用车辆运营系统、自动公路系统构成。

（一）先进的交通管理系统

先进的交通管理系统（Advanced Traffic Management Systems，简称 ATMS）主要是指先进的监测、控制、信息处理和信息提供系统。该类系统具有向交通管理部门和驾驶员提供对道路交通流进行实时疏导、控制和对突发事件应急反应的功能。它包括城市集成交通控制系统、高速公路管理系统、应急管理系统、公共交通优先系统、不停车自动收费系统、交通公害减轻系统和需求管理系统等。

（二）先进的出行者信息系统

先进的出行者信息系统（Advanced Traveler Information Systems，简称 ATIS）是为出行者提供准确实时的地铁、轻轨和公共汽车等公共交通的服务信息。系统的核心是通过电子出行指南收集各种公共交通设施的静态和动态服务信息，并向出行者提供当前的公共交通和道路状况等，以帮助出行者选择出行方式、出行时间和出行路线。该系统又分为出行前和出行途中的信息系统两部分。

（三）先进的公共交通系统

先进的公共交通系统（Advanced Public Transportation Systems，简称 APTS）包括公共车辆位系统、客运量自动检测系统、行驶信息服务系统、自动调度系统和电子车票系统等。

（四）先进的车辆控制（和安全）系统

先进的车辆控制（和安全）系统（Advanced Vehicle Control & Safety Systems，简称 AVCSS）主要是指智能汽车的研制。其包括事故规避系统和监测调控系统等。智能汽车具有道路障碍自动识别、自动报警、自动转向、自动制动、自动保持安全车距、车速和巡航控制功能。

（五）商用车辆运营系统

商用车辆运营系统（Commercial Vehicle Operation，简称 CVO）是专为运输企业（主要是经营大型货运卡车和远程客运汽车的企业）提高盈利而开发的智能型运营管理技术，其目的在于提高商业车辆的运营效率和安全性。

（六）自动公路系统

自动公路系统（Automated Highway Systems，简称 AHS）也称汽车自动驾驶系统，由路面设施和车辆上的特殊装备组成。如路面设施是在车道中心按一定间距埋设磁铁，车载装置包括磁传感器、障碍物检测雷达、车道白线识别装置、电子导向仪、电子自控油门、电子刹车装置等。

三、智能交通系统的应用

智能交通系统可以应用于机场、车站客流疏导系统，城市交通智能调度，高速公路监管，运营车辆调度管理以及机动车自动控制等方面。在交通系统的不同方面应用智能交通系统，通过人、车、路的和谐及密切配合，提高交通运输效率，缓解交通阻塞，提高路网通过能力，减少交通事故的发生，降低能源消耗，减轻环境污染。

（一）应用实例

我国智能交通系统在公路和城市道路都有许多应用，如电子监控系统、电子警察、智能公交调度系统、高速公路不停车收费系统和出租车智能指挥调度系统等。

（二）案例分析

1. 交叉口智能交通控制

城市道路交叉口是城市道路交通管理的关键空间点，通过交叉口渠化和信号配时设计等控制方法，可以有效实现交叉口的动态最优控制。

当交叉口处于欠饱和状态及饱和状态时，动态最优交通控制策略根据检测得到的瞬时交通需求状态，调整交叉口交通控制方案及参数，使交叉口每个进口的交通延误达到最小，或使交叉口总交通延误达到最小。当交叉口处于过饱和状态时，交叉口智能控制使交叉口在一定时间段实现最大通行能力，或使交叉口的总排队长度达到最小，或使交叉口进口交通流方向的排队长度达到最小。

2. 智能收费系统

高速公路不停车收费系统（Electronic Toll Collection System，简称 ETC），是指每辆车在指定银行预存一定数量的钱款，通过收费站时，由收费员发一张通行卡和一个电子标签，只要持有用户通行卡并安装电子标签，车辆进出高速公路就能一扫而过而不用停车缴现金，通行效率将提高 3 ～ 5 倍。

在联网电子不停车收费系统中，涉及路侧设备的 PSM① 卡、车载标签中的 ESAM② 模块以及在高速公路上实现全国联网缴费的用户通行卡。

路侧设备与车载设备之间的安全认证以及路侧设备与通行卡之间的安全认证和消费交易占有非常重要的地位。

---

① 2015 年 3 月 11 日，SCE 宣布“PSM 的内容配信将在 2015 年 7 月 15 日结束”。 PSM 最初是以 Play Station Suite 的名号在 2011 年 1 月发布的应用平台。

② ESAM 是嵌入式安全控制模块 Embedded Secure Access Module 的缩写，实质为 DIP 或者 SOP 芯片封装的 CPU 卡芯片，最早被用于 IC 卡电表中作为钱包使用，存储充值及消费金额以及其他一些重要的参数，同时具有身份识别功能，与外部卡片进行双向身份认证。

第二节　公共交通系统的智慧发展

一、先进的公共交通系统的概念及基本思路

（一）概念

先进的公共交通系统（APTS）就是在公交网络分配、公交调度等关键基础理论研究的前提下，利用系统工程的理论方法，将现代通信、信息、电子、控制、计算机、GPS及GIS等高新科技集成于公共交通系统，并通过建立公共交通智能化调度系统、公共交通信息服务系统、公共交通电子收费系统等，实现公共交通调度运营、管理的信息化、现代化和智能化，为出行者提供更加安全、舒适、便捷的公共交通服务。APTS主要是采用各种智能技术促进公共运输业的发展，使公共交通系统实现安全便捷、经济、运量大的目标。

（二）基本思路

APTS的基本思路是通过公共交通领域的智能化、信息化，一方面为乘客（潜在乘客）提供适应于各种场合的、完善的、及时的信息服务，使公交车辆运行准点率提高，同时让乘客有效利用候车时间，提高公共交通出行的方便性；另一方面，对于运营者，通过乘客动态的实时监控、动态调度，优化运营管理，并加强运营者之间、行业间的运行管理交流。

二、先进的公共交通系统的服务功能

通过先进的公共交通管理系统，可以实现如下功能：

（1）运用车载数据采集技术实现对运营车辆的监视。

（2）线路网规划与时刻表管理。

（3）车辆维修计划与计划编制。

（4）车辆维护运营安全。

（5）司售人员配班安排。

（6）车载收费管理。

（7）乘客信息服务。

三、先进的公共交通系统的关键技术

（一）自动车辆定位（Automatic Vehicle Location，简称 AVL）

（1）双向无线信息信号杆。通过信号杆和里程表来定位，信号以 5 分钟为间隔布置；车上装有无线双向通信设备和驾驶员信息使用设备，其一是把车辆位置传给控制中心，其二是在中心和系统中公共汽车车间进行信息交换。

（2）使用了 GPS 技术及 DR[①] 技术。

（二）车载设备

车载设备可实现定位、车载外围设备的控制以及交通灯控制等，车辆可实现自主操作。

通过车载设备，可实现如下功能：计划与实际数据比较、根据计划数据保证车辆的连续性、显示落后与超前的时间、出发时间的可视化和语音信息、车站的乘客信息系统控制。中心站对车队进行管理，可在电子地图上显示车辆，调整车距，保证车辆连续性，可选择语音通信，监视报警，控制动态乘客信息系统，统计数据，等等。

（三）电子站牌

电子站牌可以向乘客提供实时信息。电子站牌显示的信息来源于公交运营控制中心。为降低电子站牌成本，提高其可用性和可靠性，电子站牌设备要尽量简化；同时注重站牌造型简洁、美观、实用，便于安装维护。

（四）手机 App

随着智能手机的普及，在智能手机上安装公交 App，通过手机 App 就可以进行实时公交查询，如公交线路的首末班车时间、途经站点信息，以及实时在线车辆的行驶位置和预计到站时间等。

---

① DR 指在计算机控制下直接进行数字化 X 线摄影的一种新技术，即采用平板探测器把穿透人体的 X 线信息转化为数字信号，并由计算机重建图像及进行一系列的图像后处理。

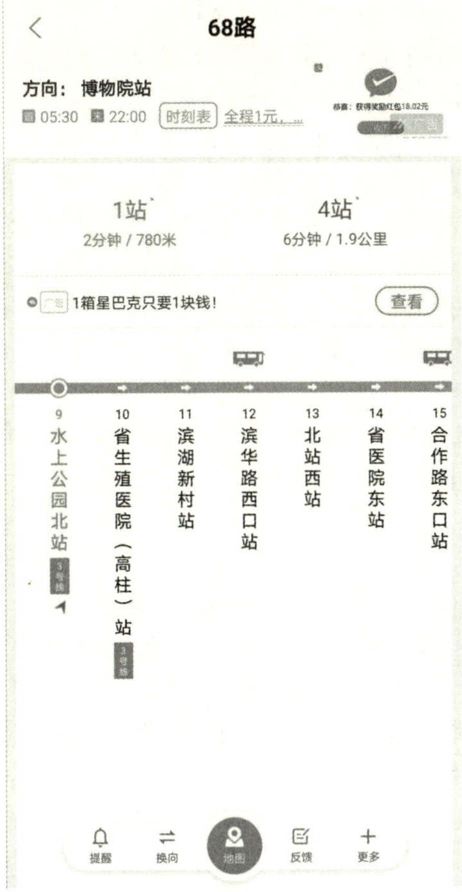

图 7–1　公交 App

第三节　“互联网 +”背景下的城市交通

随着科学技术的发展和信息技术在城市交通中的应用，城市交通的形式和内涵都发生了很大的变化。

“互联网 +”代表一种新的经济形态，即充分发挥互联网在生产要素配置中的优化和集成作用，将互联网的创新成果深度融合于经济社会各领域之中，提升实体经济的创新力和生产力，形成更广泛的以互联网为基础设施和实现工具的经济发展新形态。“互联网 +”行动计划将重点促进以云计算、物联网、大数据为代表的新一代信息技术与现代制造业、生产性服务业等的融合创新，发展壮大新兴业态，打造新的产业增长点，为大众创业、万众创新提供环境，为产业智能化提供支撑，增强新的经济发展动力，促进国民经济提质增效升级。

"互联网 +"是互联网思维的进一步实践成果，推动经济形态不断地发生演变，从而带动社会经济实体的生命力，为改革、创新、发展提供广阔的网络平台。通俗来说，"互联网 +"就是"互联网 + 各个传统行业"，但并不是简单地两者相加，而是利用信息通信技术以及互联网平台，让互联网与传统行业进行深度融合，创造新的发展生态。互联网与传统行业的融合发展将全流程改造传统行业，从而产生新的业态。

总体来说，把移动互联网和传统的交通出行相结合，改善了人们出行的方式，增加了车辆的使用率，推动了互联网共享经济的发展，提高了效率，减少了排放，对环境保护也做出了贡献。

一、定制公交汽车

定制公交汽车是借鉴新型电子商务模式，利用现代互联网技术，为旅客提供可根据出行需求进行适当调整，满足乘客多样化、个性化的定制需求的线路。很多城市的定制公交汽车是从小区到单位或从单位到小区的一站直达式班车。市民可以通过专门的网站提出自己的需求，公交集团根据需求和客流情况规划定制设计出公交汽车线路、开行时间、票价、车型等，然后再通过网站、手机App、短信等发布相关信息。定制公交汽车班车旨在倡导绿色出行，节能减排，具有社会公共服务的性质。全国已有北京、沈阳、天津、济南、成都、武汉、哈尔滨、福州、徐州等多个城市陆续开通了定制公交汽车服务。

二、专车

专车主要指由打车平台、政府共同认证，用于运送乘客的，主要通过手机等移动设备完成订单预约及支付的具有合法运营牌照的营运车辆，如神州专车、滴滴出行、一号专车等。2015 年 1 月 8 日，交通运输部明确表态："专车"服务对满足运输市场高品质、多样化、差异性需求具有积极作用。专车服务也是交通出行需求多样化催生的产物。

第四节　国外城市交通系统的智能化模式分析

一、智能交通系统发展概述

智能交通系统 (Intelligent Transport System，简称 ITS) 是将先进的信息技术、数据通讯传输技术、电子传感技术、电子控制技术以及计算机处理技术等有效地集成运用于整个交通运输管理体系，而建立起的一种在大范围内、全方位发挥作用的，实时、准确、高效的综合运输和管理系统。

在城市化的进程中，汽车的普及产生了许多严重的交通问题。拥挤的道路，频繁发生的交通事故，空气污染严重的交通环境，这些问题不仅困扰着发展中国家，发达国家对此也很重视。要解决这些交通问题，最直接的方法就是提高城市道路网的通行能力。然而，大城市中往往并没有足够的地理空间来修建更多的道路，而且修路所需要的大量资金也是个巨大的问题。交通系统是个包含着车辆和道路两方面的复杂系统，因此，对交通问题的解决不能单单从其中一个方面考虑，而需要从系统的观念出发，将车辆问题和道路问题综合起来。在这样的思想背景下，产生了使用高新技术从系统角度解决交通问题的思想，提出了智能交通系统的概念。

二、国外智能交通系统发展情况

（一）美国 ITS 的发展概况及过程

（1）发展概况。美国是应用 ITS 较为成功的国家之一。

发展重点：1995 年 3 月，美国交通部发布了《国家智能交通系统项目规划》，明确规定了智能交通系统的 7 大领域和 29 个用户服务功能，并确定了到 2005 年的年度开发计划。7 大领域包括出行和交通管理系统、出行需求管理系统、公共交通运营系统、商用车辆运营系统、电子收费系统、应急管理系统、先进的车辆控制和安全系统。

应用状况：据报道，目前 ITS 在美国的应用在 80% 以上，而且相关的产品也较先进。美国 ITS 应用在车辆安全系统（占 51%）、电子收费（占 37%）、公路及车辆管理系统（占 28%）、导航定位系统（占 20%）、商业车辆管理系统（占 14%）方面发展较快。

投资：美国联邦政府 1990—1997 年用于 ITS 研究开发的年度预算总计为 12.935 亿美元，20 年发展规划投资预算约为 400 亿美元。美国政府要求将其发展与建设纳入各级政府的基本投资计划之中，大部分资金由联邦、州和各级地方政府提供，也注重调动私营企业的投资积极性。

（2）发展过程。美国的发展立足于两部基本法案：一部是1991年颁布的《陆上综合运输效率化法案》（简称冰茶法案或ISTEA），另一部则是1998年出台的《面向21世纪的运输平衡法案》（简称TEA-21）。这两部法案从立法的高度制定了美国对于ITS发展的投资计划和统一规划安排，具有划时代的意义。

TEA-21出台后不久，美国又颁布了《美国五年ITS项目计划（1999—2003）》（National ITS Program Plan：five-Year Horinon）。2002年1月，在《美国五年ITS项目计划（1999—2003）》即将到期之际，美国发布了《美国十年ITS项目计划》（National ITS Program Plan：aTen-Year Vision）。在这一计划中，美国制定了发展蓝图和具体目标：号召政府部门、私有企业、大学等ITS的主要参与者，在ITS技术领域，包括交通信息网络，自动车辆碰撞和事故探测、通知及反应，车辆防撞技术等以及环境领域，包括交通系统管理与运营环境，政府部门的角色定位、相互关系和投资计划两个主体领域中，实施私有企业产品的联邦政策和行动计划，分析当前的发展状况、收益情况、所面临的机遇与调整，展开行动。

ITS的研究也获得了充分的公共资金投入。《陆上综合运输效率化法案》中明确规定了美国政府有义务对于ITS的研究开发给予资金上的支持和援助。这一法案颁布之后，美国政府连续多年对发展予以拨款资助。从1991年到1997年美国政府对于ITS项目的资助金额高达13亿美元。由此可见，美国政府对于ITS发展的重视，美国希望在该领域的研究中占有世界主导地位，以此获得ITS市场上的主动权，取得较高的收益回报。虽然美国ITS的研究发展主要依靠政府投资，但是为了降低公共财政负担，美国的ITS项目在近些年来也积极地建立私人资本投入机制，吸纳私人投资，营造良好的公私合作关系。

（二）日本ITS的发展概况及过程

（1）发展概况。日本早在1973年就开始了对智能交通系统的研究。

发展重点：日本ITS规划体系包括先进的导航系统、安全辅助系统[①]、交通管理最优化系统、道路交通管理高效化系统、公共交通支援系统、车辆运营管理系统、行人诱导系统和紧急车辆支援系统。

应用状况：日本的ITS主要应用在交通信息提供、电子收费、公共交通、商业车辆管理以及紧急车辆优先等方面。目前，日本已有超过1800万的汽车导航系统用户。

---

① 汽车安全系统主要分为两部分，一是主动安全系统，二是被动安全系统。

投资：日本政府1996—1997年用于ITS研究开发的预算为161亿日元，用于ITS实用化和基础设施建设的预算为1285亿日元。1996年日本的“推进ITS总体构想”推出了一个投资预算7.8兆日元的20年规划，走政府与民间企业相互合作的道路，如车辆信息通信系统（VICS）的运作方式极大地调动了企业的积极性，加速了日本ITS的开发与应用。

（2）发展过程。日本是世界上率先开展ITS研究的国家之一。1973年，日本通产省开始开发汽车综合控制系统CACS（Comprehensive Automobile Control System），这同时也意味着ITS的研发活动在日本的开始。

在20世纪90年代中期，日本的ITS研发项目是由各省厅分别进行的。然而自20世纪90年代之后，ITS的发展被列入了基本国策，各省厅也转而联手合作开展ITS研究。1995年6月，日本内阁会议正式通过了《面向高度信息和通信社会推进的基本方针》。其中，“公共部门信息化”是基本方针的五个研究领域之一，而道路交通信息化则被列在了“公共部门信息化”一项的首位。在此基础上，《公路、交通、车辆领域的信息化实施方针》在同年制定并发布。这部方针是由与ITS相关的四省一厅（邮政省、建设省、运输省、通产省、警视厅）联合制定发布的，其中提出了ITS研究开发的九大领域，呈现了日本政府对于积极推动技术的发展的强烈意愿。

三、国外智能交通系统发展对我国的启示

研究分析国外智能交通的发展模式，总结其在发展ITS技术中的成功案例和失败教训，有利于我国ITS的发展。我们将借鉴国外的经验，避免历史上的失败教训，同时将国外发展模式与我国的国情与实际需求相结合，我们能够制定出有特色的、完善的智能交通发展模式。

（一）ITS基础条件分析和借鉴

（1）国外ITS发展的基础条件。美欧以及日本等发达国家和地区，其ITS的应用状况与其交通状况有重要联系。由于发达国家与地区的交通基础设施相对完善，用加强交通基础建设的方式来应对日益增长的交通需求和日渐严重的交通问题并不是一种经济环保的方式，而是需要针对其较为低下的交通设施效率来采取措施。ITS的运用有利于现有交通基础设施效率的提高，对于这些国家和地区来说是解决交通问题的有效措施。

（2）我国ITS发展基础条件分析。相对于发达国家和地区的道路建设水平，我国目前的交通基础设施建设还较为落后。道路里程少、路网不完善、极大的人口密度带来的大出行量等，这些都是交通建设尚且任重道远的表现。因此，

除了部分较为完备的高速公路和重点航道，我国还不具备广泛实施运用 ITS 的交通基础设施条件。

尽管我国目前的交通设施状况没有发达国家那样完善，但是我们需要从长远规划的角度来考虑 ITS 的发展，避免出现其他国家由于缺乏长期规划，在 ITS 实施上耗费了大量人力物力来进行交通基础设施改造的情况的出现。

我国应当在加快交通基础设施建设的同时，通过 ITS 提高基础设施的服务能力，以此来满足我国当前的交通需求的增长。在进行交通基础设施建设的同时，把将来 ITS 的发展纳入计划之中，预先为其留下发展的空间，随着条件的成熟，逐步完成 ITS 建设。

（二）ITS 规划模式分析和借鉴

许多国家在发展 ITS 的过程中，都将先期规划和标准制定作为重要的项目，制定科学的发展规划。

（1）注重前期规划内容和目标的制定。美国 ITS 发展由政府专门成立的 ITS 领导和协调机构负责。1991 年发布了《陆上综合运输效率化法案》，制定了 ITS 在未来 20 年的发展规划。1995 年 3 月，由运输部发布的《国家智能交通系统项目规划》明确规定了 ITS 的七大领域和 29 个用户服务功能，制定了针对 ITS 的十年内的发展计划。

日本的 ITS 由四省一厅成立的 ITS 开发组织（VERTIS）负责，这一全国性组织在 1996 年制订了 20 年 ITS 发展计划，提出了总体构想，其中包括基础设施的建设、系统和产品的研发、智能交通子系统的运用。

1985 年，欧盟各成员国为了智能道路和车载设备的研究，成立了欧洲道路运输信息技术实施组织（TRICO）。次年，欧洲民间联合制定了欧洲高效安全交通系统计划（PROMETHEUS）。1995 年，这一计划在政府的参与下正式启动。1996 年，欧共体事务总局公布了 74 个将要发展的 T-TAP 的子项目。

此外，新兴的工业国家和发展中国家也不乏对于 ITS 的远景规划。韩国制订了 ITS 框架结构和发展计划，新加坡计划实施不停车电子收费，中东国家也将 ITS 研究纳入了未来发展规划之中。

（2）注重 ITS 规范与标准的制定。ITS 的规范与标准的制定同样是 ITS 工作的重点。1993 年，国际标准化组织为了交通信息与控制系统标准特意成立了技术委员会；美国建立了 ITS 的通信协议 NTCIP；1990 年，CEN/TC278 工作在欧盟标准化组织负责下开展，与 ISO 订立了《维也纳协议》；日本的 ITS 标准的全面制定工作于 1991 年 12 月在日本汽车委员会的负责下进行。

（3）我国 ITS 规划应借鉴的方面。我国的交通部在制订科技发展“九五”

计划和 2010 年长期规划时，将 ITS 的发展列为发展项目，开展了研究工作。1998 年，为了中国 ITS 的标准制定，ISO/TC204 中国委员会经由交通部的正式批准而成立。我国已经成立全国 ITS 协调小组，一批重点项目包括中国 ITS 标准体系框架研究、中国智能交通系统体系框架以及智能运输系统发展战略研究在内，已宣告完成，重大专项智能交通系统关键技术开发和示范工程也已完工。尽管如此，我国的 ITS 研发尚缺乏统一的规划安排，而依靠相关部门的独立工作。为了今后 ITS 的发展，一个系统性的可操作性强的发展方案亟待确立。

（三）ITS 投资模式分析和借鉴

在以美国为首的众多发达国家对交通问题的解决方案中，它们都进行了大量的人力资源以及资金的投入，并进行 ITS 项目的研发以及建设。这一投入以政府为主导，同时积极调动社会各类企业参与。

（1）对 ITS 科研和工程投资力度大。在美国政府当中，仅仅 1990—1997 年用在 ITS 研究当中的投入就将近 13 亿美元，20 年的计划投入资金为 400 亿美元。在 1991—1997 年，美国进行了 86 个 ITS 现场试验，共花费 7 亿多美元。2000 年 10 月，美国国会又决定一年内投入 2.68 亿美元在 ITS 项目之中，并且还规定当中的 5000 万美元用在 ITS 的基础设施当中。

日本政府在 1996 年一年间就在 ITS 研发当中投入了 161 亿日元，ITS 基础设施以及实用化当中投入了 1285 亿日元。1996 年更是通过了 7.8 兆亿日元的 20 年发展规划。

ITS 投资采取政府为主、企业参与的方式，各个政府的投资方式也各有不同。美国政府的方式是把 ITS 分配给各级政府，通过各级政府共同出力来进行 ITS 建设，同时还十分看重投资机制的革新。

资金的投入有多种方式，最常见的是公路信用基金，另外一部分也积极引导私营企业进入投入。日本则不同，政府和企业的联系更加紧密，两者相互合作进行投入研发。就比如在车辆信息通信系统当中就带动了大量的企业进入，对日本 ITS 项目的建设具有重要的作用。

（2）我国 ITS 投资应借鉴的方面。ITS 要想吸引投资者进行投资，必定要给投资者一定的原因，以及预期的成前效。我国当前对这些问题的研究不够深入，不论是在政府进行投资当中，还是在私营企业的市场选择当中，都难以做出正确的决策意见，更难以进行系统运行的综合管理。当前我国主要是以政府对 ITS 项目进行投资，通常是在进行交通基础设施建设的时候进行同步建设。虽然我国有一部分私人企业表现出一定的积极性，但是由于国内投资机制以及相应的协调机构的缺失，企业难以和政府之间进行良好的沟通，介入较为困难。

毫无疑问，政府的公共机构如果进行各项机制改革，帮助私营企业在 ITS 项目中的投入创造条件，企业也定会在政府的良好初衷下积极加入。

（四）ITS 建设模式分析和借鉴

（1）美国注重 ITS 安全设施的建设。现在美国在 ITS 的发展中处于领跑的地位，并依据国内的交通特点建立了四大系统和多项子系统，分别是公共交通信息、车队管理、交通需求管理以及电子收费。这当中发展比较迅速的是占比 51% 的车辆安全系统、占比 37% 的电子收费、占比 28% 的公路及车辆管理系统、占比 20% 的实时定位系统以及占比 14% 的商业车辆管理系统。受“9·11”事件的影响，美国认为发展 ITS 在预防恐怖活动、增加交通安全、降低受灾程度以及进行快速疏离等方面都具有重要的作用。所以美国的 ITS 建设重要目标之一就是进行地面交通安全的维护，并且将重点放在用户服务、交通安全管理、安全防御以及系统性能等方面。

（2）日本注重 ITS 诱导设施的建设。日本对于 ITS 的诱导设施更加看重。政府将丰田公司等 25 家企业组织起来进行 AHS（即自动公路系统）的研发。这几年当中，日本还在全国公路电子地图系统中投入了 15 亿日元用于研发，这一投入使得汽车的电子导航市场得到了开拓，据统计，市场中已经应用了将近 400 万套汽车电子导航系统。面对人群密集、城市当中的狭窄道路处等城市峡谷地带 GPS 信号差的问题，日本使用信标这一先进方法，通过双向信标设备对问题进行解决，领先程度较高。当前，日本在 ITS 建设当中以电子收费、商业车辆管理、交通信息提供、紧急车辆优先以及公共交通为主。

（3）欧洲注重 ITS 基础平台的构建。欧洲的 ITS 发展程度没有美国的发展程度高，但相较日本有一定的长处。当前欧洲正在进行 Telematic 的研究工作，并打算建立起贯通整个欧洲的无线数据通信网，这一无线通信网的建立有利于 ITS 各大功能的实现。当前在欧洲进行的 ITS 开发项目主要有车辆控制系统、旅行信息系统、电子收费系统及商业车辆运行系统等。

（4）其他国家 ITS 注重示范工程的建设。韩国的 ITS 项目共包括 9 项系统，分别是公交车乘客信息、自动化管理、电子收费、动态测重、交通感应信号、动态路线引导、及时播报、ITS 中心以及停车预报系统。这些系统的预计投入大约为 100 亿韩元。当前较为流行的是物流、宅送、车辆位置跟踪以及货运管理信息系统，其作用是能够通过终端控制中心对货物、车辆由各项数据进行实时把控，这对于提升交通运输的效率具有重要的作用。马来西亚的 ITS 发展主要体现在其多媒体超级走廊上，这一条走廊非常狭长，自北向南由国油双峰塔开始一直到雪邦新国际机场，总面积高达 750 平方千米。超级走廊的发展目标是将国际机场、多媒体城以及新联邦首都等重要场所使用光纤网络进行联系。

新加坡的 ITS 发展主要体现在城市交通管理系统上。其城市交通管理系统不但具有完善的交通检测、信号控制等功能，还能实现对车流量进行控制、自动调节通行费等功能。

（5）我国 ITS 建设应借鉴的方面。对我国来说，在 ITS 发展中，主要体现在电子收费、车辆安全与辅助驾驶、运营管理、自动公路、交通管理与规划、出行者信息、紧急事件和安全以及综合运输 8 个方面。着重进行现代运营体系和物流体系，城市接旅客快速运输服务和信息服务系统，水上交通管制，船舶控制系统，国道主干线电子收费系统，高速公路紧急事件管理系统，水运综合系统，事故处理救援系统以及船舶自动识别系统的建设。以上众多系统都是充分结合我国的具体国情以及国外的先进技术与经验而建设的。随着我国交通信息的不断变化，各项基础设施需要更新换代，交通发展的目标在时刻改变，交通的需求量日益扩大，各项系统必须结合交通信息的变化进行不断更新，根据 ITS 总体建设目标，力求满足我国交通状况日益发展的需求。

（五）ITS 运营模式分析和借鉴

（1）ITS 建设前期和后期运营目标不同。众多西方国家在进行 ITS 项目研发的前期阶段着重进行项目的技术开发以及系统的研发工作。随着这一项工作的完成，工作重心逐渐转向提升客户的服务满意度以及各项系统的性能优化程度。逐渐由当初的进行各项交通基础设施的建设以及交通工具的生产转向完善基础设施以及交通工具的性能。在交通行业，其行业产出是根据客户的满意度来衡量的，而不是各项基础设施以及交通工具的产量。

（2）注重 ITS 整体化信息网络的建设。交通信息网络对于 ITS 的效能的实现具有很大的作用，这一点美国就是很好的例子。交通信息网络中包含众多信息，最基础的是使用与维护档案、天气条件、交通基础设施的自然状态以及环境状况等。信息的收集工作不是由某一个单位单独来完成的，而是需要政府、企业以及个人等进行全方位的收集。

（3）各种交通方式之间能够全面协调运营。各种交通工具进行协调的运营模式对于出行者来说是有巨大的好处的，这也有利于交通运输系统的形成。人们在需要时可以自由切换交通工具，时间、地区问题都能够被很好地解决。交通信息网络还能够帮助人们使用行驶向导、网络地图、住宿服务以及进行出行计划的安排等。通过交通信息服务还能够更好地进行货物的运输，这一点体现在多样性运输和单一式运输之中。在货物运输中通常存在很多问题，比如各个地区之间的交接问题，货物运输方式、交通工具的转换问题。这些问题在交通信息服务中都能得到很好的解决。在美国，这一系统就得到了很好的应用，州际公路上的货车能够通过该系统在各州之间进行信息的交流，这就避免了烦琐的程序。同时通过该系统，货物运输的双方还能够实时地检查货物的情况，具有极大的便利性。

（4）我国 ITS 运营应借鉴的方面。我国在 ITS 方面的进展主要是进行基础设施建设和前期的相关工作，大致是进行通信资源的准备工作以及机电建设方面。而 ITS 的运营服务暂时还处在前期阶段，并没有达到综合服务的水准，而且，我国当前的交通基础设施还不完善，正处在建设时期。以我国的公路为例子，虽然说我国的高速公路总里程在不断增长，但是除了部分发达地区外，在全国建成公路运输网还没有达到要求，就算是在公路运输发达的地区，出于各种原因的限制，ITS 还难以提供各项服务。

（六）ITS 管理模式分析和借鉴

（1）美国 ITS 管理注重安全应急和效率。美国进行 ITS 建设以加强对交通事故进行管理、有效减少撞车事故的发生为目标。其中发挥作用的是事故自动定位信息系统、交通事故应变线路软件、路线引导软件、双向通信设施等。这些系统的功能主要包括进行交通事故信息的传送，进行救援中心的分配以及医护人员线路的安排，进行交通路口信号灯调节以及救援路线的选择，进行救援现场的实况转播等。这些系统都能为减少交通事故以及快速有效地进行交通事故的处理提供便利。美国交通信息管理系统对交通信息能够进行智能化的处理，它通过实时监控、分析交通状况，收集交通数据进行有效及时的信息分析以及未来推测，同时还能够科学地制定各项应急方案。具体的应用系统是设施—车辆运输自动化系统以及车辆—道路自动化协作系统等。而且美国各个地区以及各种交通运输方式也能够通过同一网络进行联合，最终实现一体化的运输。各个管理系统以及交通控制中心进行数据的流通与交汇，这对于区域性的交通管理十分有益。

（2）日本 ITS 管理注重信息采集和利用。日本使用多种方式，大范围、大量进行数据的采集。比如在各个主要街道上布置车辆信息采集器，对路面的信息进行采集，同时上传到交通控制中心。交通控制中心中的系统会对各项信息进行加工、处理，计算出该路段的交通情况、交通速度、交通流量以及是否堵塞、堵塞的程度等，并进行疏通时间的计算。同时，该系统还会提出交通信号灯控制措施，以便快速有效地解决当前的交通问题。各项经过汇集以及处理的信息能够通过软件实时、直观地显示出来，不仅仅有数据，还有各个地点的实时图像、分析而成的数据以及推测结果等。该系统不仅仅能够进行实时的检测，还能进行实时的反馈，通过在道路中设置的 LED 屏幕向出行者传递各类信息。除了这一方式，还有车载广播、道路广播、车载交通信息查询系统以及手机实时查询等方式。出行者能够方便地选择各种方式。同时，通过这些信息，还能够进行交通的疏导，最大限度地减少交通事故的发生，提升各条道路在其他条件不变情况下的通行能力。日本各个交通部门能够实时进行交通信息的共享，就像高速公路以及城市内各主要道路分属不同部门管理，但是它们之间的道路情况以及各种路况条件的信息都是实时共享的。

（3）我国 ITS 管理应借鉴的方面。我国通过一系列的努力，在 ITS 发展上取得了一定的成绩。具体体现在高速公路监测系统、安全保障系统、城市交通管理以及收费系统等方面，同时还研发产出了可变情报板、紧急电话、监控地图板、车辆检测器、可变限速标志以及分车型检测仪等多项先进设备，并且还针对交通管理进行了大量的规范制定工作。这些工作都有利于最终实现 ITS 的高效运用。虽然取得了一定的成绩，但是我国的交通信息管理系统和上述发达国家还有一定的差距。这些差距主要体现在各类交通信息的收集以及综合应用方面。当前公路上众多 LED 屏幕所显示的是静态信息，出行者能够接收到的信息较少，利用率也较低，交通引导尚不成熟。还有一点不容忽视，那就是当前我国大部分的地区的交通基础设施不完善，各部门之间的信息交流沟通存在障碍，并不便捷，且缺乏一定的管理协调机制。

第五节 城市交通的智能化构想与发展战略选择

一、智能交通系统建设的主要技术

城市智能交通发展过程中除了必需的管理思路和管理办法外，还需要有坚实的技术支持和硬件支持，智能交通系统建设的主要技术要求包括 5 个方面。

（1）SCATS 交通信号控制系统要求。规范路口的交通环境。为了使路网中的交通分布更加均衡，要求在设计路口交通工程时注意系统化，而在路口的渠化、交通标志及交通信号的分配上注重规范化。标准和稳定的同时又功能灵活的交通控制系统和设备能够使得不同的交通控制的需求得到满足。这一系统采集现场的交通数据，之后对数据进行处理、保存。这一过程可以连续进行，得到准确的数据。它的运用十分广泛，不但可以控制交通状况，而且还为交通指挥调度乃至城市的交通规划提供数据的依据。实施优化交通控制，能够提高道路通行能力，使交通拥挤的状况得到改善，同时也能减少事故的发生和交通工具造成的空气污染。

（2）交通监视系统要求。在设计数字监控系统和模拟监控系统时，需要考虑其兼容性，不能与已经完成的系统产生冲突。

（3）交通违法监测系统要求。交通违法监测系统发展出许多应用，其系统中心设置在交警支队，而其各级应用又能够满足实际的一线工作的需要。

（4）交通诱导系统要求。建设交通诱导系统，即采集交通信息，在对信息进行分析处理之后，通过交通诱导屏及其他各类途径发布交通诱导信息，是贯彻交通管理服务意识的要求，为交通参与者提供便利。其建设的具体内容包括行程时间监测、视频监测以及情报板发布等数个系统。

（5）光纤通信网络要求。新建光纤点，改造已有光纤点，路段上所有智能交通设施视距离长短通过线缆、自敷光纤汇聚到邻近光纤点，通过复用光端机使用一根光纤传输至交警中心机房。路口光端机须充分考虑系统的可靠性、扩展性与开放性，同时考虑信号系统、监视系统、违法监测系统、交通诱导系统信息传输的兼容。

二、智能交通系统的系统构建

智能交通系统在世界范围内取得了广泛的运用。其中，日本地区的智能系统发展得最为成熟，使用的 VICS 系统相当完备。除此之外，欧美地区智能系统的使用也较为普遍。智能交通系统在我国的北京、上海等发达地区也投入了大规模的应用。这一系统由 7 个子系统组成，是一个复杂的综合性系统。

（1）先进的城市交通信息服务系统。城市交通信息服务系统的建立依赖完善的信息网络。信息网络的建立主要有三个步骤：

①在车辆上、道路上、换乘站以及城市场站、气象中心等地安装上传感器和传输设备，由此获得实时交通信息，传输给信息中心。

②信息中心对这些信息进行处理，据此得出城市交通信息、道路信息、换乘信息、停车场信息以及气象信息等各种信息，再反馈给出行者。

③出行者根据所得到的信息来制订合适的出行计划。举个例子来说，如果在一辆车上装上自动定位和导航系统，那么这一系统能够为驾驶员在优化行车线路上提供帮助。

（2）先进的交通管理系统。交通管理系统虽然也使用交通信息服务系统所采集处理的信息，但是其与信息服务系统最主要的区别在于该系统的用户是城市交通管理者而不是参与者。管理者通过该系统监测和控制道路交通情况，提供道路、车辆以及驾驶员之间的通信联系。交通管理系统还具有实时监控的功能。它收集交通状况、气象状况和交通环境的信息，通过车辆检测技术和计算机信息处理技术，取得所需信息，再根据这些来进行交通控制，比如信号灯的调节，诱导信息的发布，道路的管制乃至交通事故的处理和救援。

（3）先进的公共交通系统（APTS）。公共交通系统针对公共运输业的发展，运用各种智能技术手段，比如使用个人计算机、闭路电视等为市民提供如何选择出行方式、出行路线和车次的咨询服务，通过公交车站的显示器为候车者提供车辆运行信息，公交车管理中心根据车辆的实时状况安排发车与收车方式等，使城市公共交通系统更为安全、经济、快捷。

（4）先进的车辆控制系统（AVCS）。车辆控制系统的目标对象是车辆驾驶员。其对驾驶员提供帮助，使其更好地控制车辆，比如发展避开障碍物的自动驾驶技术，使车辆驾驶更加安全有效率。

（5）城市货运管理系统。这一智能化的物理管理系统，运用高速道路网和信息管理系统，立足于物流理论，综合利用卫星定位和地理信息系统，通过网络技术实现货物运输效率的提高。

（6）电子收费系统（ETC）。目前使用电子收费系统收取过路过桥费，是当今世界最为先进的路桥收费方式。在车辆的挡风玻璃上安装的车载器与安装在收费站车道上的微波天线之间可以进行短程通信，再经由计算机网络，在银行进行后台结算，所得费用在经过处理后划归给相关收益业主。这样一来，车辆在经过道路收费站时，不需停车就可以完成缴费，使得车道通行能力提高了3~5倍。

（7）紧急救援系统（EMS）。紧急救援系统的运作需要以ATIS和ATMS系统为基础，其连接了交通控制中心与救援机构，从而为车辆事故现象的紧急处理，包括现场救助和排除事故车辆等工作提供援助。

三、智能交通发展战略

智能交通发展战略是一个系统性的复杂论题。在分析城市智能交通发展战略之前，我们首先需要对我国城市智能交通发展战略研究必须要解决的关键性问题展开深入探讨。

（一）社会经济和交通运输发展关系分析

社会经济与交通运输之间有着不可分割的联系。从系统的组成结构方面来看，社会经济是交通运输发展的外部环境，而交通运输则是社会经济的重要组成部分，两者相互依存；而从两者之间的相互影响方面来看，交通运输的便捷与否会对社会经济的发展产生促进或者制约的影响，而反过来，社会经济发展水平又在一定程度上决定了交通运输的发展状况。而且，城市交通的发展与城市的发展也有着互为促进、互为影响的密切关系。

（二）国内外城市智能交通系统发展现状及其发展趋势分析

世界上许多发达国家都非常重视智能交通系统的发展。美国在20世纪60年代开始就实行智能交通系统的研究，此后，欧洲和日本也相继加入其中。到了今天，美国、欧洲和日本已经成为智能交通系统研究与实践的三大基地。这些国家为研究开发智能系统投入了大量的人力、物力，取得了令人瞩目的成果，许多全国性的智能交通系统发展协调组织的成立也为其发展做出了贡献。同时，美国、日本、欧洲也在城市交通中不断研究城市智能交通系统的构建与发展。

发达国家的智能交通系统的研发过程为我们提供了宝贵经验。我们应当积极学习其先进技术，了解其最新的发展动向和前沿科技，走开放式的发展道路，避免重复过去的失败教训，从而开发出高水平的、有特色的智能交通产品。在较高的起点上实现我国智能交通系统，特别是城市智能交通系统的快速、健康发展。

参考文献

[1] 李升朝 . 道路运输行政管理学 [M]. 北京：人民交通出版社，2017.
[2] 杨宝路 . 中国低碳城市交通发展研究 [M]. 北京：中国环境出版社，2017.
[3] 公安部道路交通安全研究中心 . 道路交通安全战略规划与管理实践 [M]. 北京：人民交通出版社，2017.
[4] 交通运输部运输服务司 . 城市公共交通法律法规政策文件汇编 [M]. 北京：人民交通出版社，2017.
[5] 王卫 . 城市交通与城市经济发展 [M]. 南京：东南大学出版社，2016.
[6] 邵春福 . 城市交通概论 [M]. 北京：北京交通大学出版社，2016.
[7] 顾振宇. 交互设计：原理与方法 [M]. 北京：清华大学出版社， 2016.
[8] 龙海波，李凤 . 公路管理体制改革的理论与实践 [M]. 北京：人民交通出版社，2016.
[9] 尹虎，刘静华. 产品概念设计 [M]. 北京：中国铁道出版社， 2015.
[10] 公安部交通管理局 . 道路交通管理法规汇编（2014 年版）[M]. 北京：中国人民公安大学出版社，2014.
[11] 张洪满 . 城市公共交通运营管理 [M]. 北京：北京大学出版社，2014.
[12] 邵春福 . 交通规划原理第 2 版 [M]. 北京：中国铁道出版社，2014.
[13] 杨宏山 . 城市管理学第 2 版 [M]. 北京：中国人民大学出版社，2013.
[14] 袁振洲，等 . 城市交通管理与控制 [M]. 北京：北京交通大学出版社，2013.
[15] 吴忠，夏志杰 . 城市轨道交通智能化运营管理研究 [M]. 上海：同济大学出版社，2013.
[16] 焦新龙 . 城市交通现代化管理战略研究 [M]. 杭州：浙江大学出版社，2012.
[17] 曲大义，陈秀峰，魏金丽 . 智能交通技术及其应用 [M]. 北京：机械工业出版社，2012.
[18] 阎国强 . 城市轨道交通概论 [M]. 北京：人民交通出版社，2012.

[19] 慕威 . 城市轨道交通运营组织 [M]. 北京：人民交通出版社，2012.
[20] 陈峻，徐良杰，朱顺应，等 . 交通管理与控制 [M]. 北京：人民交通出版社，2012.
[21] 冯树民，白仕砚，慈玉生 . 城市公共交通 [M]. 北京：知识产权出版社，2012.
[22] 韩强 . 城市交通系统优化问题研究 [M]. 北京：经济科学出版社，2011.
[23] 胡永举，黄芳 . 交通港站与枢纽设计 [M]. 北京：人民交通出版社，2011.
[24] 毛保华 . 城市轨道交通规划与设计第 2 版 [M]. 北京：人民交通出版社，2011.
[25] 李得伟，韩宝明 . 行人交通 [M]. 北京：人民交通出版社，2011.
[26] 闫平，宋瑞 . 城市公共交通概论 [M]. 北京：机械工业出版社，2011.
[27] 交通运输部道路运输司 . 城市公共交通管理概论 [M]. 北京：人民交通出版社，2011.

后 记

本书是在分析城市化发展规律、城市交通的发展规律以及城市交通问题产生的基础上，结合作者多年的研究成果编写而成的。内容涉及现代城市交通的发展现状与前景分析、现代城市交通的内涵与管理规划、现代城市交通管控模式与经济的协调发展、现代城市交通管理的策略、现代城市交通智能化管理模式的构建和现代城市“生态化”交通的实现路径等。

本书具有以下几个特点：

1. 整体性

作者全面地对城市交通管理的现代化战略研究进行了探讨和解读，从多方面和多角度结合实际状况做出了相关阐述。

2. 科学性

书中引用了大量的城市交通研究理论和科学研究成果，引用了多名学者的著名论述和研究。

3. 实用性

作者对书中的理论和专业内容，不同程度地通过相关的事例进行了补充说明，便于学习者更好地理解。

最后感谢创作过程中给予帮助的多位同志，因为有了他们的不懈努力和精益求精的专业精神以及他们对于作者的鼓励，才使得《智能环境背景下城市交通管理系统研究》成书，进而呈现在读者面前。但书中难免存在不足之处，希望得到各位同行及专家的批评指正。